Jörg Krauss · Patricia Peschel

Bis wieder die Sonne kam

»In Zeiten voller Nacht wandelte sie unter uns – leuchtend,
wärmend, bis wieder die Sonne kam: da gieng sie.«

(Inschrift der Gedenkmünze anlässlich des Todes von Königin Catharina 1819)

(siehe Abb. 60/61, Seite 116)

Jörg Krauss · Patricia Peschel

# BIS WIEDER DIE SONNE KAM

Das Wirken von
Catharina Pavlovna
(1788–1819)
als Königin von Württemberg
(reg. 1816–1819)

SCHNELL + STEINER

Gedruckt mit Unterstützung der Staatlichen
Toto-Lotto-GmbH Baden-Württemberg

*Umschlagvorderseite:*
Catharina Pavlovna, Grossfürstin von Russland, Königin von Württemberg
frühes 19. Jh., Königliche Sammlung der Niederlande Den Haag
Copyright: Königliche Sammlung der Niederlande

*Umschlagrückseite:*
Grabkapelle auf dem Württemberg in Stuttgart-Rotenberg
Copyright: Staatliche Schlösser und Gärten Baden-Württemberg
Fotograf: Roland Halbe

Bibliografische Information der Deutschen Nationalbibliothek:
Die Deutsche Nationalbibliothek verzeichnet diese Publikation in der
Deutschen Nationalbibliografie; detaillierte bibliografische Daten
sind im Internet über http://dnb.d-nb.de abrufbar.

1. Auflage 2021
© 2021 Verlag Schnell & Steiner GmbH, Leibnizstr. 13, D-93055 Regensburg
Umschlaggestaltung: Anna Braungart, Tübingen
Satz: typegerecht berlin
Druck: Grafisches Centrum Cuno GmbH & Co. KG, Calbe, gedruckt im UltraHDprint®
ISBN 978–3–7954–3628–5

Weitere Informationen zum Verlagsprogramm erhalten Sie unter:
www.schnell-und-steiner.de

Jörg Krauss ist seit dem 1. Juni
2016 Ministerialdirektor im
Ministerium für Finanzen des
Landes Baden-Württemberg. Vor
seiner Zeit als Ministerialdirektor
war er Regierungsvizepräsident im
Regierungspräsidium Stuttgart und
in verschiedenen Ministerien sowie
Dienststellen der Polizei des Landes
Baden-Württemberg tätig.

Dr. Patricia Peschel ist Historikerin und
promovierte Kunsthistorikerin und seit
2010 als Konservatorin der Staatlichen
Schlösser und Gärten Baden-Württemberg,
seit 2014 als Oberkonservatorin tätig sowie
seit März 2020 an das Finanzministerium
Baden-Württemberg abgeordnet. Von ihr
sind bereits zahlreiche Publikationen zur
(Kunst-)Geschichte Württembergs des
18./19. Jh. erschienen.

# DER EINZUG NACH WÜRTTEMBERG

*»...der Liebe danken wir nicht nur die schönsten unsrer Lebensstunde, sondern auch Erleichterung mancher Leiden...«*

Kronprinz Wilhelm von Württemberg (1781–1864) heiratete seine Cousine Catharina Pavlovna (1788–1819) am 12. Januar 1816 in St. Petersburg[1] (Abb. 1/2). Catharina war die Tochter des russischen Zaren Paul I. (1754–1801) und seiner Gattin Maria Feodorowna (1759–1828), geborene Sophie Dorothee, Prinzessin von Württemberg und Schwester des württembergischen Königs Friedrich I. (1754–1816), dem Vater von Kronprinz Wilhelm[2].

Eine nicht hinwegzudenkende Voraussetzung für das spätere Politikverständnis und die strategische Herangehensweise von Catharina ist ihre umfassende Bildung. Sie wurde nach den Vorgaben ihrer Großmutter Kaiserin Katharina der Großen von Russland erzogen. Ihre zwei Gouvernanten waren Gräfin Charlotte von Lieven und Madame Adelinsky; sie wurde u. a. in Mathematik, Französisch, Geschichte, Religion, Geographie und Staatswissenschaft unterrichtet. Auffallend war schon in früher Kindheit ihre schnelle Auffassungsgabe, ihr hohes Verständnis für Zusammenhänge und ein gutes Zeitmanagement. Zudem beherrschte sie Englisch, Deutsch, Französisch und sogar Russisch, was nicht selbstverständlich für den Adel dieser Zeit war. Ihr wurde nachgesagt, dass sie »(...) *Verstand und Geist und eine starke Willenskraft (...)*« besitzt, und »(...) *Furchtsamkeit ist ihr gänzlich fremd. Die Kühnheit, mit der sie reitet, könnte sogar bei Männern Neid erwecken! (...)*«[3]. Catharina erlangte schon in jungen Jahren bzw. während ihrer ersten Ehe

1   Alle Angaben zur Vermählung und Einzug Catharina Pavlovnas – sofern nicht anders angegeben – aus: Zeitung für die elegante Welt, Bd. 120, 8.–22. Juni 1819. Darin verfasste der Stuttgarter Hofrat Georg Rheinbeck, Schwiegersohn von August von Hartmann, eine der ersten Biografien zu Catharina Pavlovna.
Die Zeitangaben werden entsprechend dem in Württemberg üblichen gregorianischen Kalender aufgeführt – der in Russland übliche julianische Kalender datiert immer zwölf Tage später.
Über den Ablauf der Hochzeitsfeierlichkeiten in St. Petersburg berichtete das »Extra-Blatt der Königlich privilegierten Stuttgarter Zeitung«, vom 7. Februar 1816, HStA A 21 Bü 791.
Am gleichen Tag hatte König Friedrich das Ereignis auch öffentlich im Königreich verkünden lassen: »Friedrich von Gottes Gnaden, König von Württemberg, souverainer Herzog von Schwaben und Teck. Lieber Getreuer! Wir ertheilen Euch hier-

durch die Nachricht, daß unsers Kronprinz Liebden sich mit der Kaiserlichen Prinzessin von Rußland, der Grosfürstinn Catharina, verwitweten Herzoginn von Oldenburg, Liebden, am 24ten des vorigen Monaths Jänner, in Petersburg vermählt haben (...)«, vgl. HStA A 21 Bü 791.
Alle Details zur Vermählung in St. Petersburg und zum Ehevertrag im Bestand HStA E 72 Bü 2 und E 31 Bü 40.
2   Zu den familiären Verhältnissen vgl. Regina Stephan/ Patricia Peschel: Grabkapelle auf dem Württemberg, Petersberg 2017, S. 9 ff.
3   Zitiert nach: Richard Tantzen: Das Schicksal des Hauses Oldenburg in Rußland, in: Oldenburger Jahrbuch, hg. vom Oldenburger Landesverein für Geschichte, Natur- und Heimatkunde, Oldenburg 1957, S. 114–195, hier S. 163. Darin sämtliche Quellenverweise und Zitate aus diversen Archivalien bzw. Briefen.

einen tiefen Einblick in die politischen Strategien der europäischen Großmächte[4]. Nachdem sie und auch ihre Mutter Maria Feodorowna eine mögliche Verbindung mit Napoleon I. strikt abgelehnt hatten, kamen als weitere Kandidaten 1807 die beiden Erzherzöge Ferdinand und Johann von Österreich, Prinz Leopold von Sachsen und Coburg sowie Kronprinz Friedrich Wilhelm Carl von Württemberg in die nähere Auswahl. Bei dem Kronprinzen von Württemberg, der für seine glänzenden militärischen Verdienste gelobt wurde, befürchtete man aber charakterliche Ähnlichkeiten mit seinem Vater König Friedrich I. und sah zudem in der Verbindung zu Württemberg keinen so großen Nutzen wie in einer Verbindung zu Österreich. Es zerschlugen sich jedoch alle Vorhaben, so dass Catharina am 30. April 1809 Prinz Georg von Oldenburg (1784–1812) heiratete. Aus dieser Verbindung gingen die zwei Söhne (Peter Georg Paul) Alexander (1810–1829) und (Konstantin Friedrich) Peter (1812–1881) hervor. Der Vorteil dieser Verbindung war zudem, dass Catharina in Russland bleiben konnte, da Prinz Georg vom Zaren das Generalgouvernement von Twer, Nowgorod und Jaroslaw übertragen bekam. Das junge Paar residierte daher ab 1809 in Twer, das zwischen St. Petersburg und Moskau liegt. Catharina führte den Hofstaat in Twer mit ca. 100 Personen selbst und achtete wohl besonders auf Sparsamkeit und Ordnung. Die Beziehung zu Prinz Georg war sehr gut, und das Paar tauschte sich ständig über die anstehenden Dienstgeschäfte aus. Catharina war schon zu diesem Zeitpunkt an allen Vorgängen der Regierungsgeschäfte hoch interessiert und beteiligt, nahm an Besprechungen mit den höchsten Regierungsbeamten teil und begleitete ihn bei seinen Reisen durch das Gouvernement. Sie war besonders darauf bedacht, sich selbst ein Urteil von Geschehnissen und Personen zu bilden. In ihrem Schloss in Twer entwickelte sich ein regelmäßiger Salon, der von russischen und ausländischen Persönlichkeiten der Politik und Gesellschaft besucht wurde. Catharina stand zudem in ständigem regen Austausch mit ihrem Bruder Zar Alexander I.: In engem Briefkontakt wurde sie von ihm über sämtliche aktuelle Staatsgeschäfte (Militär, Innenpolitik/Verwaltung, Außenpolitik) auf dem Laufenden gehalten und avancierte so zu dessen engster Beraterin (Abb. 3/4).

1812 kam es zum Krieg zwischen Frankreich und Russland: die vierundzwanzigjährige und zu diesem Zeitpunkt hochschwangere Catharina nahm daran einen intensiven und lebhaften Anteil und war von einem Sieg über Napoleon überzeugt. Sie nahm in zahlreichen Briefen an Zar Alexander und seine politischen Berater aktiv Einfluss auf die Position Russlands und dessen Kriegsführung, wobei der Zar, oftmals unsicher in der aktuellen Situation, ihren Vorschlägen und Ratschlägen fast immer folgte. So schrieb Zar Alexander an Catharina: »(...) Wie würde ich glücklich sein, wenn ich einige Menschen mehr hätte als Sie. Ihre Ideen machen Ihrem Kopf ebenso Ehre als Ihrem Patriotismus und Ihrem Herzen (...)«; Catharina antwortete: »(...) Der Himmel, der mein Herz sieht, sieht auch, dass ich niemals persönliche Ziele verfolge (...)«[5]. Sie entwickelte die Idee einer Bürgerwehr bzw. russischen Landwehr, und überzeugte Alexander, wie wichtig die Motivation der Bevölkerung und des Adels in der Bekämpfung Napoleons sei. Auf ihre Anregung hin, sollte in jedem Gouvernement ein Regiment mit 1000 bewaffneten Personen aufgestellt werden. Auch in ihrem Gouvernement ließ Catharina ein eigenes Jäger-Bataillon von 1000 Mann aufstellen, welches nach ihr benannt war. Catharina war gegen jeglichen Friedensschluss mit Napoleon (»Aber was auch geschehen möge – keinen Frieden schließen, das ist mein Glaubensbekenntnis!«[6]) und wollte die Entscheidung auf dem Schlachtfeld herbeiführen.

Abb. 2
Unbekannter Künstler nach Joseph Stieler:
**König Wilhelm I. von Württemberg**
1822
Staatliche Schlösser und Gärten Baden-Württemberg,
Schloss Ludwigsburg
*Copyright: Staatliche Schlösser und Gärten*
*Baden-Württemberg*

---

4   Alle Angaben zum Werdegang und Leben Prinz Georgs von Oldenburg und Catharina Pavlovna in Russland, sofern nicht anders angegeben, aus: Richard Tantzen: Das Schicksal des Hauses Oldenburg in Rußland, in: Oldenburger Jahrbuch, hg. vom Oldenburger Landesverein für Geschichte, Natur- und Heimatkunde, Oldenburg 1957, S. 114–195. Darin sämtlich Quellenverweise und Zitate aus diversen Archivalien bzw. Briefen.
5   Zitiert nach Tantzen, 1957, S. 175.
6   Ebenda.

Abb. 3
K. Novosiltov:
**Portrait of Grand Princess Ekatharina Pavlovna (1788–1819)**
ca. 1809–1812
The State Hermitage Museum, St. Petersburg
*Copyright: The State Hermitage Museum, St. Petersburg/*
*Photograph: Copyright The State Hermitage Museum/* photo by Vladimir Terebenin, Sergey Pokrovsky, Inna Regentova
Im Hintergrund ist der kaiserliche Palast in Twer erkennbar, neben Catharina eine Büste ihrer Großmutter,
der Kaiserin von Russland Katharina II. die Große.

Abb. 4
Charles-Benoit Mitoire:
**Catharina Paulowna, Grossfürstin von Russland**
1810
Öl/Leinwand
Königliche Sammlung der Niederlande Den Haag
*Copyright: Königliche Sammlung der Niederlande*

Abb. 5
Russische Schule (?):
**Miniatur von Catharina Paulowna,**
**Grossfürstin von Russland**
1815
Königliche Sammlung der Niederlande Den Haag
*Copyright: Königliche Sammlung der Niederlande*

Abb. 6
Russische Schule (?):
**Miniatur von Catharina Paulowna,**
**Grossfürstin von Russland**
1815
Königliche Sammlung der Niederlande Den Haag
*Copyright: Königliche Sammlung der Niederlande*

Im Zuge des napoleonischen Feldzugs in Russland infizierte sich ihr Gatte Prinz Georg bei einem Lazarettbesuch der russischen Truppen mit Typhus, woran er im Dezember 1812 starb. Nach einer Trauerphase in St. Petersburg, die Catharina auch körperlich stark zugesetzt hatte[7], begann sie sich ab Sommer 1813 wieder zunehmend für die politischen Entwicklungen in Europa zu interessieren (Abb. 5/6/7). Sie reiste allein oder in Begleitung ihres Bruders Zar Alexander I. ab Mitte 1813 durch Europa. Vor dem Hintergrund der Feldzüge und der ersten Siege gegen Napoleon nahm sie direkten Anteil an den politischen Entwicklungen der Zeit und übte durch Alexander I. Einfluss auf die Position Russlands aus.

Ab März 1814 begleitete sie den Zaren auf einer dreimonatigen Reise nach Großbritannien. In dessen Gefolgschaft befand sich auch der württembergische Kronprinz Friedrich Wilhelm Carl, der sich durch seine erfolgreichen Teilnahmen an

den Feldzügen gegen Napoleon einen guten Ruf erworben hatte. Nach der gemeinsamen Rückfahrt aus Großbritannien trafen beide ab September 1814 auf den Wiener Kongress wieder zusammen. Während des Wiener Aufenthalts erregte Catharina aufgrund ihres Einfluss auf den Zaren als auch aufgrund ihrer Persönlichkeit Aufsehen. Der österreichische Publizist und Hofrat Friedrich Gentz bezeichnete die sechsundzwanzigjährige Großfürstin als »*(...) vielleicht einzige Persönlichkeit, die auf den Zaren einigermaßen einwirken kann. Er spricht oft mit ihr und weiht sie in fast alle seine Geheimnisse ein. Man kann auch nicht sagen, dass die Großfürstin sanfter und ruhiger Gemütsart ist (...)*«. Der Gesandte Frankreichs, Talleyrand, schrieb an seinen König Ludwig XVIII. über eine Begegnung mit Catherina nach Paris: »*(...) Plötzlich stellte sie mir einige Fragen, wie der Kaiser es getan; über ihre Majestät, die allgemeine Stimmung in Frankreich, die Finanzen und das Heer. Nichts als Fragen, die*

---

7   Durch den Schock des plötzlichen Todes ihres ersten Gatten im Dezember 1812 wurde bei Catharina eine psychosomati-

sche Störung ausgelöst, die sich durch »Starranfälle« (Katalepsis) äußerte, vgl. Tantzen, 1957, S. 178.

*Catharina Paulowna*

Abb. 7
Unbekannter Künstler:
**Catharina Paulowna von Russland**
um 1815 (?)
Druck nach unbekannten Vorbild von Johannes Christiaan d'Arnaud Gerkens, 1847 – ca. 1863
Rijksmuseum Amsterdam
*Copyright: Rijksmuseum Amsterdam*

Abb. 8
Unbekannter Künstler:
**Katharina, Großfürstin von Russland, Kronprinzessin von Württemberg**
1816
Publiziert am 1. Oktober 1816 von John Bell
Österreichische Nationalbibliothek (ÖNB) Wien
*Copyright: ÖNB Wien*

*mich seitens einer 26–jährigen Frau überrascht hätten, wenn sie nicht mit ihrer Art sich zu bewegen, ihrem Blick und dem Klang ihrer Stimme in Wider-*

*spruch zu stehen geschienen hätten (...)*«[8]. Wilhelm kämpfte zwischen März und Juni 1815 nochmals gegen Napoleon[9] und kam nach dessen endgültiger Niederlage im Dezember 1815 mit Catharina in St. Petersburg zusammen, wo das Paar seine Verlobung verkündete[10]. In der Predigt zur Vermählung am 24. Januar 1816 hieß es: »*(...) der Liebe danken wir nicht nur die schönsten unsrer Lebensstunden, sondern auch Erleichterung mancher Leiden (...) Wie werden Sie Durchlauchtigster Kronprinz! sich an der Seite, der von Ew. Königlichen Hoheit selbst erkohrnen, durch eine seltene Geistesbildung und hohes Zartgefühl so ausgezeichnete Gefährtin Ihres Lebens so glücklich fühlen! Wie wird die Liebe jede Sorge zerstreuen und jedes noch so schwere Opfer erleichtern (...) Auch Zeit und Raum wird ein von Natur geheiligtes Verhältnis nicht erschüttern (...)*«[11].

Die geopolitischen Erfahrungen in dieser gravierenden politischen Umbruchsituation, sowie die direkte und persönliche Konfrontation mit den politischen und militärischen Ereignissen hatten Catharina schon in jungen Jahren eine hohe politische Kompetenz verliehen. Sie sammelte einerseits Erfahrungen in der Regierungsarbeit eines Gouvernements und beeinflusste andererseits aktiv die russische Diplomatie und das Kräftemessen der europäischen Großmächte. Dabei erarbeitet sie sich einen detailreichen Überblick über unterschiedliche Staats-, Verwaltungs- und Gesellschaftsformen. Der »Erfahrungsschatz« dieser Jahre sollte Catharina auch nach ihrem Einzug in Württemberg bzw. in den ersten Jahren ihrer Regentschaft mit Wilhelm von großem Nutzen sein.

Am 1. April 1816 zog das junge Kronprinzenpaar in Stuttgart ein, wobei Catharina von ihrem eigenen kleinen Hofstaat begleitet wurde[12] (Abb. 8/9). Ebenso zogen auch die beiden Söhne aus Catharinas erster Ehe mit nach Stuttgart.

8    Beide Zitate zitiert nach Tantzen, 1957, S. 187.
9    Während des zweiten Feldzugs gegen Napoleon 1814/15 schrieb Wilhelm eine Vielzahl von Briefen an seine Verlobte Catharina, in denen er über den Fortgang des Feldzugs berichtete und sich nach ihrem Wohlbefinden erkundigte, vgl. HStA G 268 Bü 16.
10   Die erste kinderlose Ehe von Wilhelm I. mit Prinzessin Charlotte Auguste von Bayern, die 1808 aus politischen Gründen geschlossen worden war, war am 12. Januar 1816 wegen »Nicht-Vollzug« offiziell annulliert worden.
11   Vgl. »Worte bei der Vermählung Ihrer Kaiserlichen Hoheit der Grosfürstin von Russland Catharina Pawlowna mit Seiner Königlichen Hoheit dem Kronprinzen von Würtemberg Friedrich Wilhelm Carl gesprochen an 12. Januar 1816 gesprochen von Dr. Friedrich Volborth, Prediger der evangelisch lutherischen St. Petri Gemeinde«, St. Petersburg 1816.
12   Catharina hatte einige Personen aus ihrem Hofstaat und der

Dienerschaft aus Twer nach Stuttgart mitgebracht, die ihr oder ihren Söhnen besonders vertraut waren; hierzu gehörten u. a. der russische Staatsrat und ehemalige Sekretär ihres verstorbenen Gatten, Gerhard von Buschmann; der russische Staatsrat, Prinzen-Lehrer und Catharinas Bibliothekar, Herr von Born, einen Kammerdiener der Prinzen; die einstige Gouvernante und Vertraute Catharinas, Madame Droust; sowie russische Kammerfrauen und Kammermädchen, vgl. Zeitung für die elegante Welt – 8.–22. Juni 1819. In Stuttgart wurde ihr Hofstaat dann u. a. noch durch Graf von Wintzingeroda, als Großmeister; Graf von Beroldingen, als erster Kammerherr, und Graf von Salm, als erster Stallmeister, erweitert, vgl. HStA E 14 Bü 38 »Entwurf des Ceremoniels bei der Versetzung der irdischen Reste Ihrer Majestät der Höchstseligen Königin Catharina von Württemberg, geborene Groß Fürstin von Rußland, aus der Königlichen Gruft in der Stifts- Kirche zu Stuttgart in die Grabstätte auf dem Rothenberg« vom 26. März 1824.

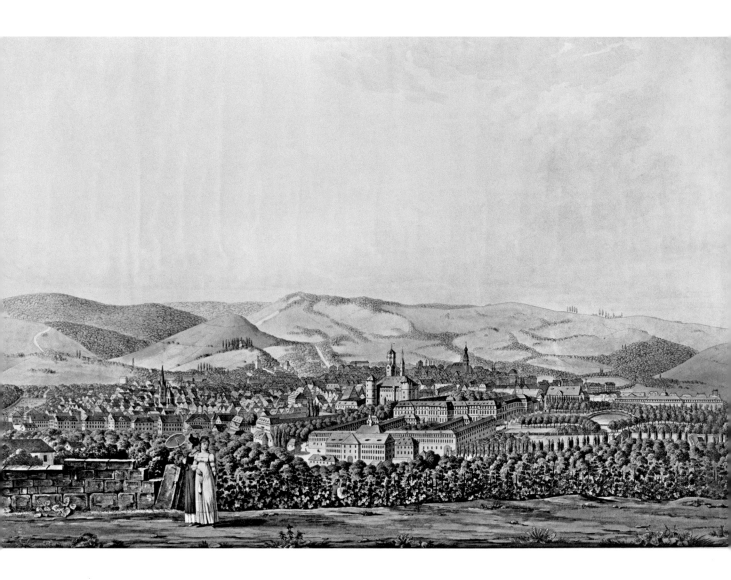

Catharina verfügte zu diesem Zeitpunkt über ein privates Vermögen von rund 1,5 Millionen Rubel, wovon die Mitgift 500.000 Rubel betrug; ihre beiden Söhne verfügten über ein Vermögen von 500.000 Rubel[13]. Die Kosten für die Hofhaltung und die Erziehung der Prinzen hatte Kronprinz Wilhelm zu tragen, während Catharina für die Einrichtung und den Unterhalt ihrer russisch-orthodoxen Kapelle zu sorgen hatte. Hinzu kam ihre reiche Aussteuer an Möbeln, Gebrauchs-gegenständen, Kunstobjekten und Kleidern (Abb. 10/11/12/13/14). Die ersten Monate lebte

Abb. 9
Unbekannter Künstler:
**Ansicht von Stuttgart von Osten**
um 1815
Landesmedienzentrum (LMZ) Stuttgart
*Copyright: LMZ Stuttgart*

das Paar im Prinzenpalais gegenüber dem Alten Schloss, welches vormals Wilhelms jüngerer Bruder Paul bewohnt hatte, da das Kronprinzenpa-lais von Kronprinz Wilhelm bei der Ankunft nach

13  Zum Ehevertrag/Mitgift vgl. HStA E 72 Bü 2. Vgl. auch Det-lef Jena: Katharina Pawlowna, Regensburg 2003, S. 245/246. Die Kaufkraft der 1,5 Millionen Rubel lag um 1814 nach heu-tigen Wert grob bei ungefähr 20 Millionen Euro, vgl. für die Berechnung des heutigen Werts anhand von 100.000 Rubel: https://www.geschichtsforum.de/thema/wert-des-russi-schen-rubels-zu-beginn-des-19-jahrhunderts.49038/ (Stand 01.12.2020).
14  Das Prinzenpalais am Alten Schlossplatz (heute Schillerplatz) diente von 1805 bis 1813 Prinz Paul, dem jüngeren Bruder von

Wilhelm I., als Wohnsitz. Bis 1918 diente das Gebäude der kö-niglichen Familie immer wieder zur Unterbringung von Gästen oder Familienmitgliedern, vgl. StAL E 20 Bü 90. Patricia Pe-schel: Verlorene Schlösser. Die einstigen Stuttgarter Schloss-museen und ihr Erbe, in: Staatliche Schlösser und Gärten Baden-Württemberg (Hg.): Öffnen, Bewahren, Präsentieren – durch Zeit und Raum mit unseren Monumenten, Mainz 2017, S. 72–99, hier S. 82. Das Kronprinzenpalais, welches sonst von Wilhelm als Kronprinz bewohnt wurde befand sich am heuti-gen Schlossplatz an der Stelle des heutigen Kunstmuseums.

19

Abb. 10
**Glaskaraffe und Trinkglas**
mit Monogramm »CP« und Kaiserkrone aus dem Besitz
Catharina Pavlovnas
um 1810
Königliche Sammlung der Niederlande Den Haag
*Copyright: Königliche Sammlung der Niederlande*

Abb. 11
**Trinkglas**
mit Monogramm »CP« und Kaiserkrone aus dem Besitz
Catharina Pavlovnas
um 1810
Königliche Sammlung der Niederlande Den Haag
*Copyright: Königliche Sammlung der Niederlande*

Abb. 12
**Goldring mit Amethyst und zwei Smaragden**
aus dem Besitz Catharina Pavlovnas
o. D.
Königliche Sammlung der Niederlande Den Haag
*Copyright: Königliche Sammlung der Niederlande*

etwas zu bemerken fände, in welchem Fall von demselben
noch nach weiterer Bericht zu erstatten wäre, wegen wirk-
licher Ausfertigung und Erlassung dieser Anordnungen
das Nöthige von uns verfügt werden soll. Gegeben
Stuttgart, den 6.ten Janr: 1817.

*Wilhelm*

Auf Befehl des Königs,
*Vellnagel*

Abb. 16
Unbekannter Künstler:
**Ansicht des Alten Schlosses, Stuttgart**
wo auch die Sitzungen der Zentralleitung des Wohltätigkeitsvereins stattfanden, um 1831
Landesmedienzentrum (LMZ) Stuttgart
*Copyright: LMZ Stuttgart*

des Wohltätigkeitsvereins im Alten Schloss Stuttgart die organisatorische und personelle Struktur festgelegt (Abb. 16/17). Unter dem Vorsitz von Königin Catharina zählte die Central-Leitung des Wohltätigkeits-Vereins bei seiner Gründung insgesamt 22 Mitglieder – neun Damen und dreizehn Herren, welche Catharina bereits im Dezember 1816 ernannt hatte (Abb. 18).

Hierzu gehörten: Georg August (von) Hartmann (1764–1849, Geheimrat und Präsident der Oberrechnungskammer, stellvertretender Vorsitzender), Albrecht Friedrich von Lempp (1763–1819, Geheimrat, Oberamtmann und Oberjustizrevisionsrat), Friedrich von Kohlhaas (1781–1856, Hofkammerdirektor), Eberhard Friedrich von Georgii (1757–1830, Obertribunalpräsident), Ludwig Peter Damian (von) Mosthaf (1774–1851, Oberregierungsrat, Mitglied des Oberrechnungsrats und Kirchenrats), Kirchenrat Benedict Maria von Werkmeister (1745–1823, katholischer Kirchenrat), Carl Christian von Flatt (1772–1843, Stiftsprediger der Prälatur Stuttgart und Ober-

consistorialrat), Karl Graf von Seckendorff (Oberpolizeirat – keine Lebensdaten bekannt), Ferdinand von Pistorius (1767–1841, Hofrat und Mitglied der bestehenden »Privatgesellschaft der freiwilligen Armenfreunde«), Tobias Heinrich Lotter (1772–1834, Kaufmann, Schriftsteller und Mitglied der bestehenden »Privatgesellschaft der freiwilligen Armenfreunde«), Ludwig (Oberrechnungsrat – keine näheren Lebensdaten oder Vorname bekannt), Johann Daniel Fulda (1755–1832, Ratssekretär und Mitglied der bestehenden »Privatgesellschaft der freiwilligen Armenfreunde«), Johann Friedrich Cotta (1764–1822, Verleger und Mitglied der Ständeversammlung), Pauline Gräfin von Zeppelin (1785–1863, Gattin des Staatsminister Ferdinand Ludwig Graf von Zeppelin), Auguste von Schenck (1769–1838, Gattin des Geheimrats von Schenck), Julie von Seckendorff (1778–1837, Gattin des Oberhofmeisters Karl Alexander Sigmund Freiherr von Seckendorff-Aberdar), Charlotte von Neurath (1789–1869, Gattin des Staatsrats und Geheimen Rats und Justizmi-

26

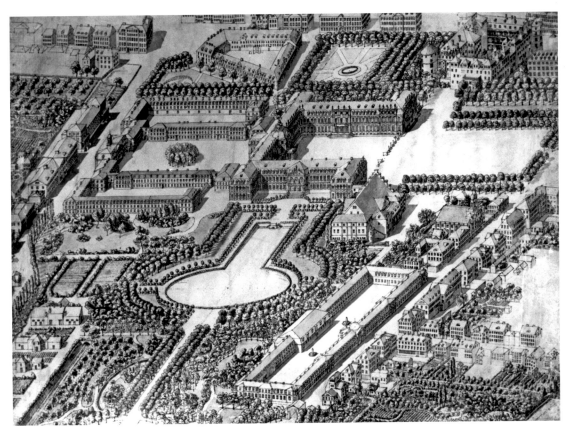

Abb. 17
Nikolaus von Thouret:
Ansicht des Alten und Neuen Schlosses, Stuttgart
um 1825
Landesmedienzentrum (LMZ) Stuttgart
*Copyright: LMZ Stuttgart*

nisters Constantin Franz Fürchtegott von Neurath), Adelheid Abele (1784–1868, Gattin des Poli-
zeidirektors und Obertribunalrats Abele), Louise
Conradi (1780–1861, Gattin des Kaufmanns Leopold Friedrich Conradi) und Therese Schübler
(1791–1840, wahrscheinlich Gattin des Oberre-
gierungsrats, Studiendirektors und Oberbiblio-
thekars Christian Ludwig Schübler)[22].

Die gedruckte Satzung des neu gegründeten
Vereins vom 6. Januar 1817 wurde von allen Mit-

gliedern der Zentralleitung und Catharina unterzeichnet und dem Geheimen Rat am 9. Januar
1817 offiziell zugesandt[23] (Abb. 19). Ebenfalls im
Januar 1817 wurde die Öffentlichkeit in den jeweiligen Oberämtern und Städten von dem neu gegründeten Wohltätigkeitsverein informiert[24].

In dem von Catharina ausgewählten Personenkreis waren Vertreter aus Adel, Kirche[25]
und Großbürgertum sowie hochrangige Beamte
aus dem Finanz-, Justiz- und Polizeiressort ver-

22 Die Mitglieder werden als Unterzeichnete des Statuts zur
Gründung des Vereins am 6. Januar 1817 aufgeführt, sowie im
Schreiben an König Wilhelm I. vom 21. Januar 1817, vgl. HStA
Stuttgart E 31 Bü 1151. Zudem bedankten sich die Mitglieder in
einem Brief an Catharina für ihre Ernennung vom 29. Dezember 1816: »(...) und so ist es für Württembergs Benehmen eine
der erfreulichsten Erscheinungen, daß die Vorhersehung gerade in diesem Zeitpunkte ihrem Geliebten König eine Gemahlin schenkte, die es sich zum edlen Geschäfte macht, den Thron
auf Liebe zu gründen, mit diesem schönen Bande alle Classen,
Stände und Gesellschaften zu umschlingen und aufs festeste
untereinander zu verbinden. Genehmigen Eure Königliche Hoheit die Ehrfurchtvollste Versicherung, daß Wir uns von diesem
Standpunkte aus unserem hohen Beruf zu fassen und bestre-

ben werden (...)«, vgl. StAL E 191 Bü 4454. Hinzu kam noch ein
Rat-Sekretär, bei dem es sich wohl um Eberhard Joseph Roth
handelte, und der dem stellvertretenden Vorsitzenden Hartmann zu Seite gestellt wurde, vgl. Herkle, 2016, S. 17. Bei den
Unterzeichneten der oben genannten Schriftstücke wird er jedoch immer nur als »Rath. Sekretär« aufgeführt.
23 Vgl. HStA E 31 Bü 1151.
24 So wurde die Stuttgarter Bevölkerung über die Einrichtung
der Lokalleitung bzw. des Orts-Wohltätigkeitsvereins in Stuttgart in einem Rundschreiben im Januar 1817 informiert, vgl.
StAL E 191 Bü 7481.
25 Wobei die Kirchenvertreter aufgefordert waren, in ihren Pre-
digten die Tugend der Caritas besonders hervorzuheben, um
so weitere Mitglieder und Spenden »einzuwerben«.

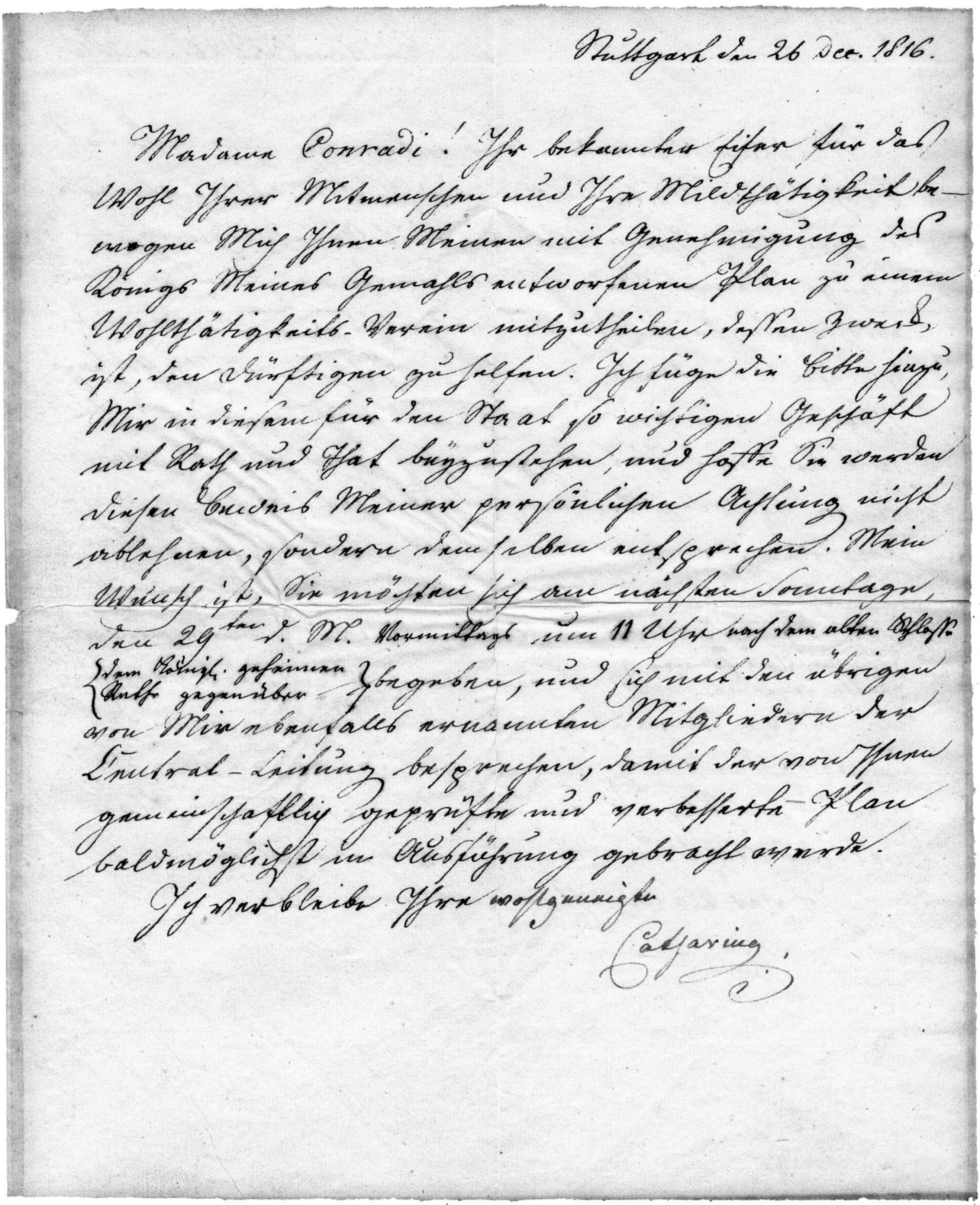

Stuttgart den 26 Dec. 1816.

Madame Conradi! Ihr bekannter Eifer für das Wohl Ihrer Mitmenschen und Ihre Mildthätigkeit bewegen Mich Ihnen Meinen mit Genehmigung des Königs Meines Gemahls entworfenen Plan zu einem Wohlthätigkeits-Verein mitzutheilen, dessen Zweck ist, den Dürftigen zu helfen. Ich füge die Bitte hinzu, Mir in diesem für den Staat so wichtigen Geschäft mit Rath und That beyzustehen, und hoffe Sie werden diesen Beweis Meiner persönlichen Achtung nicht ablehnen, sondern demselben entsprechen. Mein Wunsch ist, Sie möchten sich am nächsten Sonntage den 29ten d. M. Vormittags um 11 Uhr nach dem alten Schloß {dem Königl. geheimen Rathe gegenüber} begeben, und sich mit den übrigen von Mir ebenfalls ernannten Mitgliedern der Central-Leitung besprechen, damit der von Ihnen gemeinschaftlich geprüfte und verbesserte Plan baldmöglichst in Ausführung gebracht werde.

Ich verbleibe Ihre wohlgeneigte

Catharina.

Abb. 18

**Brief von Königin Catharina an Louise Conradi** mit Einladung zum Eintritt in die Zentralleitung des Wohltätigkeitsvereins vom 26. Dezember 1816

Archivalie HStA G 270 Bü 8

*Copyright: HStA*

sammelt. Diese hatten sich über ihre fachlichen Kompetenzen und durch ihre vorangegangene Arbeit in der Armenfürsorge oder über ihre gesellschaftlichen Stellung empfohlen. Eines hatten alle Beteiligten gemeinsam: Das soziale Engagement und das Bewusstsein für die massive Notlage der Bevölkerung[26]: »*Die Central-Armen-Leitung ist (...) unter der höchsten Auctorität errichtet und besteht aus einer verhältnismäßigen Anzahl von weiblichen und männlichen Armen-Freunden aus verschiedenen Staatsbürgern-Classen*«[27]. Die breite Aufstellung von Personen verschiedenster Kompetenzen war durchaus angemessen, um die Schwere der akuten Notlage in ihrem gesamten Ausmaß angehen zu können. Denn aufgrund der rasanten Verarmung einer sehr breiten Bevölkerungsschicht stellte die Situation ein soziales und wirtschaftliches Problem dar, wovon letztendlich auch der Adel und das Großbürgertum betroffen waren. Zudem war die steigende Armut auch ein moralisches und sicherheitspolitisches Risiko, das sich in einer wachsenden Zahl von Bettlern zeigte und sich zu landesweiten (Hunger-)Unruhen auswachsen konnte[28]. Daher war auch die Einbindung von Vertreter aus Justiz- und Polizeiwesen notwendig geworden.

Die gesellschaftliche Relevanz erfuhr der Verein durch den Vorsitz der württembergischen Königin und durch hochrangige Vertretern und Vertreterinnen der Gesellschaft, welche umso wichtiger für die Finanzierung des Vereins bzw. seiner Arbeit waren[29]. Denn der Verein sollte nicht allein auf die persönliche finanzielle Förderung der Königin beruhen, sondern sich in hohem Maße durch Spenden finanzieren. Hierfür sollten neben den Mitgliedsbeiträgen auch aktiv Spenden von den Mitgliedern eingeworben werden: »*(...) Außer diesen bereits bestehenden Mitteln werden die Leitungen jede schickliche Gelegenheit benutzen, ihre Mitbürger zu jährlichen, oder vorübergehenden Beiträgen aufzufordern und selbst mit gutem Beispiel vorangehen (...)*«. Auch sollte an die Notleidenden verteilt werden, worauf »*(...) der Reichere weniger Wert legt. Außer Geld werden Früchte, Flachs und Hanf, Wolle, neue und gebrauchte Leinwand, abgetragene Kleidungsstücke, Bettzeug, Brennmaterialien usw. dankbar angenommen (...)*«. Hierfür war der direkte Kontakt in die Adels- und Bürgerkreise über die ausgewählten Damen der Gesellschaft von großen Nutzen. Zudem erhielt der Verein den Zugriff auf sämtliche bereits bestehende lokale Hilfs- und Armenfonds, um diese je nach Bedarf mit Geldern oder Naturalien aufstocken und verteilen zu können. Die Not im Land sollte überall gleichermaßen schnell und effizient gelindert werden und die Krise im gesamten Königreich zeitgleich überwunden werden[30].

Der Zentralleitung in Stuttgart unterstanden die regionalen Oberamts-Leitungen in den 64 Oberämtern im Königreich. Den Oberämtern unterstanden wiederum die jeweiligen Lokal-

---

26 Beispielhaft für die Auswahl der Mitglieder ist der »Einladungsbrief« Catharinas an Louise Conradi vom 26. Dezember 1816: »Stuttgart, den 26. Dez. 1816 Madame Conradi! Ihr bekannter Eifer für das Wohl ihrer Mitmenschen und Ihre Mildthätigkeit bewogen mich Ihnen meinen mit Genehmigung des Königs meines Gemahls entworfenen Plan zu einem Wohlthätigkeits-Verein mitzutheilen, dessen Zweck ist, den Dürftigen zu helfen! Ich füge die Bitte hinzu, Mir in diesem für den Staat so wichtigen Geschäft mit Rath und That beyzustehen, und hoffe Sie werden diesen Beweis Meiner persönlichen Achtung nicht ablehnen, sondern demselben entsprechen. Mein Wunsch ist, Sie möchten sich am nächsten Sonntag den 29ten d. M. vormittags um 11 Uhr nach dem Alten Schloss, dem Königl. Geheimen Rath gegenüber begeben, und sich mit den übrigen von mir ebenfalls ernannten Mitgliedern der Central-Leitung besprechen, damit der von Ihnen gemeinschaftlich geprüfte und verbesserte Plan baldmöglichst in Ausführung gebracht werde. Ich verbleibe Ihre wohlgeneigte Catharina.« vgl. HStA G 270 Bü 8.
27 Statut zur Vereinsgründung vom 6. Januar 1817, HStA Stuttgart E 31 Bü 1151. Sämtliche folgende Zitate zur Gründung des Wohltätigkeitsvereins entstammen diesem Statut, sofern nicht anders angegeben.
28 Zum europa- bzw. weltweiten Zusammenhang zwischen wirtschaftlichen Krisen und politischen Unruhen vor dem Hintergrund des Hungerjahrs 1816 vgl. Wolfgang Behringer: Die Tamborakrise. Zum Einfluss der Geologie auf die (menschliche) Geschichte, in: 1816 – Das Jahr ohne Sommer. Krisen-

wahrnehmung und Krisenbewältigung im deutschen Südwesten, Stuttgart 2019 (Veröffentlichungen der Kommission für geschichtliche Landeskunde in Baden-Württemberg, Reihe B Forschungen, Band 223), S. 5–49, hier S. 32–34.
29 So hatten im Vorfeld der Gründung u. a. Theodor von Pistorius und Tobias Heinrich Lotter angeregt, dass die Königin offiziell den Vorsitz übernehmen sollte, um eine möglichst hohe gesellschaftliche Relevanz des Vereins zu ermöglichen, vgl. Ausst.-Kat. Catharina Pawlowna, 1993, S. 50.
30 So wurden von den insgesamt 90 Oberämtern und Städten in Württemberg 1817 insgesamt 5260 Gulden an die Kasse der Zentralleitung des Wohltätigkeitsvereins übermittelt, wobei die Summen stark variierten: so wurden vom Oberamt Riedlingen rund 456 Gulden zur Verfügung gestellt, und von den Oberämtern Weil im Schönbuch oder Friedrichshafen nur je 3 Gulden, vgl. Bericht »von den Kgl. Oberämtern wurden zur Cashe der Zentral Leitung des Wohltätigkeitsvereins eingesendet« von 1817 (kein genaues Datum angegeben), vgl. StAL E 191 Bü 4465.
Der halbjährliche Beitrag der Mitglieder des Wohltätigkeitsvereins lag wohl bei 50 Gulden, wie aus einem Schreiben von Maria Hartmann, Gattin des stellvertretenden Vorsitzenden der Zentralleitung Georg August von Hartmann, vom 20. Januar 1817 an Julie von Seckendorff, Mitglied der Zentralleitung, hervorgeht. In diesem bittet sie den Beitrag von 50 Gulden für die nächsten 6 Monate an die Stuttgarter Lokal-Leitung weiterzuleiten. Julie von Seckendorff bestätigt hierauf den Erhalt des Beitrags, vgl. StAL E 191 Bü 4465.

leitungen, welche die örtlichen bereits vorhandenen und neu gegründeten einzelnen Vereine betreuen und koordinieren sollten. Bei größeren Städten wie Stuttgart waren die einzelnen Lokalleitungen nochmals in Distrikte (Stadtteile oder Straßenzüge) aufgeteilt[31]. Die Mitglieder der Oberamts-Leitung unter dem Vorsitz des jeweiligen Oberamtsmannes[32] bestanden aus Vertretern der zuständigen Kirche (Dekan oder dem »ersten Geistlichen« im Amt), dem Oberamtsarzt[33], den jeweiligen Stiftungs- und Amtspflegern und weiteren »männlichen und weiblichen Armen-Freunden«.

Die Mitglieder der Lokal-Leitung setzten sich aus den jeweiligen »geistlichen und weltlichen Orts-Vorstehern, einzelnen Armenfreunden und erfahrenen sorglichen Hausfrauen« zusammen. Sofern die Lokalleitung in größeren Städten noch zusätzlich einzelne Distrikte betreute, wurden diese Distrikte von ein oder zwei Aufsehern und weiteren Helfern geleitet. Durch diesen Aufbau sollte eine übergreifende Koordination, Transparenz und Effizienz erreicht werden: »(...) um zusammenhängend zu wirken, und bei dieser wichtigen Sorge von einerlei Grundsätzen auszugehen, um das Unrecht zu verhüten, (und) daß nicht einzelne Ortschaften beneidet, andere bemitleidet werden (...)«. Gleichzeitig war diese dreiteilige Struktur (Zentralleitung mit der Königin als Vorsitzende – Oberamtsleitung – Lokalleitung) mit klarer Aufgabenverteilung für alle Beteiligten und auch für Außenstehende nachvollzieh- und umsetzbar. Sämtliche Grundsätze zu Sinn und Zielsetzung des Vereins, Aufbau und Handlungsabläufen waren in der »Instruktion für den Wohltätigkeitsverein und der Leistungen der Wohltätigkeitsanstalten« zusammengefasst, welche als gedrucktes 30 – seitiges-Büchlein mit 74 Paragraphen den Oberamtsleitungen und Lokalleitungen übergeben wurden.

Die Struktur und der Aufbau des Wohltätigkeitsvereins wurde im »Königlich-Württembergischen Staats- und Regierungs-Blatt« am 17. April 1817 der Öffentlichkeit bekannt gegeben[34].

Die praktische Arbeit, d.h. die tatkräftige Unterstützung der bestehenden Hilfs-Institutionen und den notleidenden Personen oblag den jeweiligen Mitgliedern der Lokalvereinen. Diese standen in direktem Kontakt zu den Oberamtsleitungen: »(...) sie werden die obrigkeitliche Aufsicht über die Hospitäler und Armen-Institute auf alle Weise erleichtern, die Kinder und Erwachsenen zu Beschäftigungen ermuntern (...), für die Anschaffung von Nahrungs-Mitteln, von Kleidung, Betten, Brennmaterialien, Schulbüchern und jede Unterstützung der Bedürftigen sorgen (...), sie werden sich besonders um die Einführung der Suppen-Anstalten (...) bemühen. Zur Erreichung dieser Zwecke werden sie die Vereine auf alle Weise zu erweitern und zu wirksamen Beyträgen zu veranlassen suchen, diese nach dem Maßstab des Elends zweckmäßig zu verwenden, die Oberamts-Leitung auf Verbesserungen und allgemeine Hülfe aufmerksam machen und ihnen Verbesserungs-Vorschläge vorlegen (...)«. Den einzelnen Mitgliedern der Lokalleitung wurden hierbei jeweils geeignete Aufgaben zugwiesen, wie »(...) z.B. Besuche der Kranken, der Kinder, Untersuchung der Naturalien, welche den Armen gereicht werden, Aufsicht über die Suppen-Anstalt (...)«, wobei die Lokalleitungen genaue Liste mit ihren Mitgliedern und deren Aufgaben an die Oberamtsleitungen zu senden hatten[35]. Die Oberamts-Leitungen hatten die Aufgabe sich eine umfassende Übersicht der Notlage in ihrem gesamten Oberamt zuzulegen, im Austausch mit den Lokalleitungen diese in ihrer Arbeit zu beraten, »Verbesserungs-Vorschläge« zu prüfen und an die Zentralleitung weiter zu geben[36]. Im Gegenzug hatten die Oberämter die in Abstimmung mit

---

31 So gab es 1818 in Stuttgart insgesamt acht Distrikte, die wiederum der Lokalleitung unterstanden. Die jeweiligen Distrikte wurden von jeweils einem männlichen und einem weiblichen Mitglied der höheren Bürgerschaft geleitet, so von Ärzten, Stadtpfarrern oder Diakone und von Ehefrauen von Kaufmännern, Apothekern oder Geheimräten, vgl. Dominique Corinne Ott: Alle Personen beiderlei Geschlechts sind fähig, Mitglieder des Vereins zu werden. Geschlechterspezifische Handlungsspielräume im Wohltätigkeitsverein des 19. Jahrhunderts, in: Hilfe zur Selbsthilfe – 200 Jahre Wohlfahrtswerk für Baden-Württemberg, Hg. von Sabine Holtz, Baden-Baden 2016, S. 25–45, hier S. 38.

32 Der Oberamtsmann war für die umfassende örtliche Verwaltung zuständig, ebenso wie für die Rechtspflege, da er auch den Vorsitz des jeweiligen Oberamtsgerichts innehatte.

33 Der Oberamtsarzt wurde laut Statut verpflichtet »(...) nach seiner Anstellung die Armen unentgeldlich zu beraten ...)«.

34 Wobei die Bevölkerung darauf hingewiesen wurde, dass nicht nur die »ganz Armen, als auch diejenigen, die nur durch die Zeit-Umstände außer Stande gesetzt sind, sich und ihren Familien den nöthigen Lebens-Unterhalt zu verschaffen«, sich in ihrer Not an die zuständigen Lokal- und Oberämter wenden könnten.

35 Diese Mitgliederlisten beinhalteten Namen, Stand, Religion, Alter, Funktion und Beitrag des jeweiligen Mitglieds.

36 Die Oberämter erhielten u.a. einheitlich vorgedruckte Formulare (»Bericht der Oberamts-Leitung des Wohltätigkeitsvereins über den Zustand des Armenwesens...«), worin die wichtigsten Punkte bereits vorgegeben waren, z.B. die Zahl der Armen (darunter Familien und noch Arbeitsfähige), bereits vorhandene Hilfsmittel (in öffentlichen Kassen oder durch private Kassen), Zahl der Bettler, Vorschläge zur Verbesserung, vgl. StAL E 191 Bü 4471.

der Zentralleitung getroffenen Entscheidungen und Anweisungen den Lokalleitungen mitzuteilen. Zudem waren sie dafür verantwortlich, die Beiträge und Spenden des gesamten Oberamts einzusammeln und diesen den einzelnen Notdürftigen und Vereinen zukommen zu lassen[37]. Sämtliche Ebenen sollten für die korrekte Verteilung der eingeworbenen Spenden über einen eigenen »Cassier« und »Oekonomie-Verwalter« verfügen, die über sämtliche Ein- und Ausgänge eine genaue Buchführung zu gewährleisten hatten.

Die Zentral-Leitung als oberste Instanz erhielt durch die Oberämter eine stets aktualisierte vollständige Übersicht über die gesamte Notlage im Königreich, legte einheitliche Standards und Grundsätze in der Armenfürsorge fest und unterstützte die Oberämter bei Entscheidungen. Ferner wurden materielle und finanzielle Mittel für lokale Institutionen bereitgestellt und Spenden verteilt[38]. Die männlichen Mitglieder der Zentralleitungen bekamen als »Referenten« einzelne Gebiete (»Landvogtein«) zugewiesen, die

sie regelmäßig besuchen mussten, um sich vor Ort über die dortigen Zustände zu informieren[39] (Abb. 20/21).

Durch den Vorsitz Catharinas war der Wohltätigkeitsverein auf höchster politischer Ebene angesiedelt und konnte somit in direktem Austausch mit den Ministerien agieren und Entscheidungen rasch umsetzen[40]. Hierfür spricht auch die räumliche Nähe des Vereins, der seine Sitzung im Alten Schloss im Raum gegenüber dem Sitzungsraum des Geheimen Rats abhielt[41]. Trotz des »privilegierten« Standes des Vereins sollte dieser nicht vom Staat finanziert werden. Vielmehr erhielt er eine eigenständige wirtschaftlich stabile Basis: einerseits durch die Mitgliedsbeiträge und Spenden[42] und ebenso durch den Zugriff auf die vorhandenen Gelder in den bestehenden lokalen Armenfonds. Zudem stellte König Wilhelm I. eine jährliche Summe von 10.000 Gulden in der Oberhof-Casse für die Unterstützung des Wohltätigkeitsvereins zur Bekämpfung der Armut bereit[43]. Außerdem erhielt die Zentralleitung die Post-

---

37 »(...) sie suchen sich die nöthigen Kenntnisse über das Armenwesen des Oberamts zu erwerben, sie stehen daher in fortwährender Verbindung mit den Lokal-Leitungen desselbe, sie unterstützen solche mit ihrem Rath (...), sie berichten an die Central-Stelle, holen von der derselben Rath und Anweisung ein, um sie den Lokal-Leitungen bekannt zu machen, auch sammeln sie Beiträge für solche Anstalten und Zwecke (...)«.

38 »(...) Die Central-Leitung verschafft sich durch den Verband mit den Oberamts-Leitungen eine Übersicht des Armenwesens des ganzen Staats; sie sucht allgemeine Grundsätze (...); sie unterstützt bei den betreffenden Stellen die dringenden Bedürfnisse, welche ohne höhere Einwirkung nicht zu begegnen wären; sie sorgt (...) für die nöthigen Geräthschaften (...); Beiträge nimmt sie aber nur von den Allerhöchsten Landesherrschaften, in so fern diese die Vertheilung der Central-Stelle auftragen wollen (...)«.

39 Eine vollständige Übersicht der regionalen Zuständigkeiten der einzelnen männlichen Mitglieder der Zentralleitung findet sich in StAL E 191 Bü 4454. So zum Beispiel waren die Mitglieder Georgii und Lempp für die »Landvogtei auf der Alp« mit den Oberämtern Kirchheim, Münsingen, Reutlingen, Nürtingen und Urach zuständig. Mitunter mussten diese auch mehrwöchige Visitations-Reisen zur Berichterstattung unternehmen, so zum Beispiel der Oberrechnungsrat Ludwig, der vom 13. Mai bis 6. Juni 1817 zusammen mit dem Oberkirchenrat Mosthaf und den Oberpolizeirat von Seckendorff eine Reise in die »Landvogtei Bodensee« (Leutkirch, Ravensburg, Saulgau, Tettnang, Wangen) unternehmen musste und darüber ausführlich ein Reisetagebuch führte, vgl. StAL E 191 Bü 7479. Insbesondere in den ersten Monaten waren die Berichte oftmals sehr dramatisch, da die herrschende Hungersnot von einzelnen Oberämtern nicht mehr bewältigt und die angebotenen Hilfen kaum geplant werden konnte; so beschreibt der Oberkirchenrat Mosthaf nach seinem Besuch in Ellwangen am 12. März 1817 eine extreme Not, da schon in den vorangegangenen vier Jahren die schlechten Ernten dazu geführt hatten, dass kein Saatgut und kein gesundes Vieh mehr vorhanden war, und die Menschen täglich dem Hunger oder Krankheiten zum Opfer fielen: »(...) es sind der Armen zu viele (...)«, vgl. HStA E 143 Bü 125, darin eine Vielzahl von weiteren Oberamts- bzw. Oberamtsvisitationsberichten.

40 Mit dem Antritt von König Wilhelm I. wurde der Geheime Rat als oberste, direkt dem König unterstellte Staatsbehörde geschaffen, der in regelmäßigen Sitzungen dem König beratend und prüfend zur Seiten stand und in alle Regierungsgeschäfte eingebunden war. Vertreten waren die sechs Minister und weitere vom König ernannte Mitglieder. Durch die »Doppelfunktion« der Königin (und Gattin Wilhelms I.) als Vorsitzende und der obersten Mitglieder als Geheimräte konnte der Verein ohne Verzögerung übergeordnete Entscheidungen oder Vorschläge direkt zum König bzw. in die oberste Regierungseben einbringen.

41 Der genaue Sitzungsraum findet sich mehrfach in den Einladungen an die Mitglieder, z. B. im Brief Catharinas an Louise Conradi vom 26. Dezember 1816, vgl. HStA G 270 Bü 8.

42 Die größte Spende dürfte hierbei die von Catharinas Mutter, Zarin Maria Feodorowna, sein, welche nach einem Besuch in Stuttgart bzw. Beitritt zum Verein im Oktober 1818 eine jährliche Spende von 2000 Rubel aussetzte, welche auch nach dem Tod von Catharina und der Zarin bis 1909 jährlich an den Wohltätigkeitsverein überwiesen wurde, vgl. HStA Stuttgart E 40/78 Bü 5.

43 Vgl. Dankes-Brief der Zentralleitung des Wohltätigkeitsvereins an Wilhelm I. vom 8. Juni 1817; außerdem die Anweisung Wilhelms I. an das Präsidium der Kgl. Hof- und Domänekammer vom 5. Juni 1817 über die Auszahlung von 10.000 Gulden in vierteljährlichen Raten an die Zentralleitung des Wohltätigkeitsvereins; davon waren 4.000 Gulden für die Armen in der Stadt Stuttgart und 6.000 Gulden für die Bedürftigen auf »dem Lande«, d. h. in den Oberämtern, bestimmt. Ferner kamen noch 200 Gulden für den weiterhin bestehenden Verein der »Gesellschaft der freiwilligen Armenfreunde« in Stuttgart hinzu, welcher mit dem Wohltätigkeitsverein verbunden war. Jedes Jahr wurde von der Zentralleitung dem König über die Verwendung dieser Gelder ein genauer Bericht erstattet, vgl. HStA E 14 Bü 1210. Vgl. auch »Dritte Nachricht der Local-Leitung des Wohltätigkeitsvereins und der mit demselben verbundenen Privat-Gesellschaft der freiwilligen Armen-Freunde über die Wirksamkeit und Verwaltung vom 1. Juli 1827 bis 30. Juni 1830«, womit die Zusammenarbeit mit der Gesellschaft der freiwilligen Armenfreunde und dem Wohltätigkeitsverein hervorgeht, HStA E 14 Bü 1215.

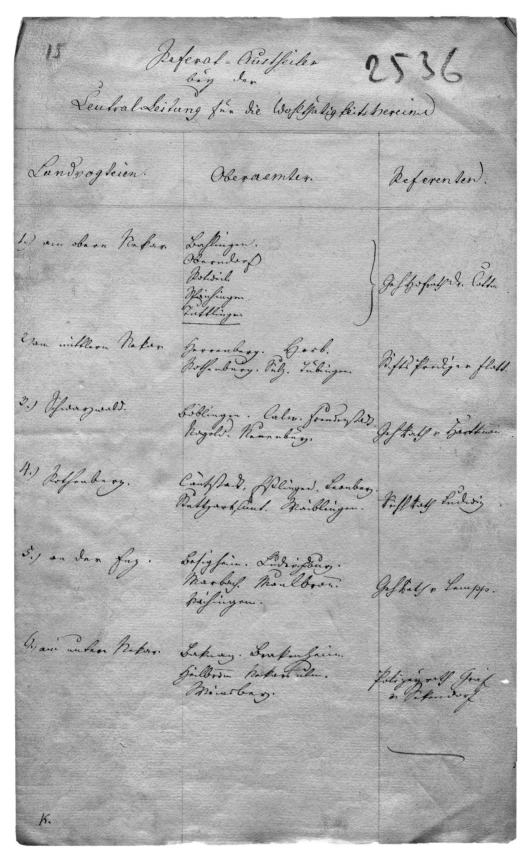

Abb. 20

**Übersicht der Zuständigkeit** der männlichen Mitglieder der Zentralleitung des Wohltätigkeitsvereins als Referenten für die einzelnen Landvogtein bzw. Oberämter

Archivalie StAL E 191 Bü 4454

*Copyright: StAL*

*Suppen Austheilung.*

Abb. 21
L. Gradmann:
**Theuerung 1816/17**
**(Suppenausteilung an Bedürftige)**
1816/17
Landesmedienzentrum (LMZ) Stuttgart
*Copyright: LMZ*

Porto-Freiheit für die Versendung von Mitteilungen, Geld und Naturalien[44].

Die Hilfebedürftigen sollten außerdem, soweit als möglich, selbst zu ihrer Versorgung beitragen,

denn nach der ersten Linderung der akuten Not, sollte vermieden werden, »(...) *daß, das Armseyn nicht den Reiz der Bequemlichkeit erhalte (...)*«. Daher sollten diese »(...) *zweckmäßig beschäftigt werden und durch eigenen Verdienst an dem Aufwande beitragen, welcher auf sie verwendet werden muß (...)*«. Die Bedürftigen sollten in die Lage versetzt werden, zukünftig wieder selber für ihren Lebensunterhalt aufzukommen. Auch sollte damit das Problem der zahlreichen Bettler im Land gelöst werden, »(...) *denn die Polizei sollte nicht mehr durch Bettler gestört werden (...)*«. Aus diesem Grund wurden in sämtlichen Gemeinden, Städten und Dör-

44 Vgl. HStA E 31 Bü 1151 Bitte der Zentralleitung an König Wilhelm I. um die Post-Porto-Freiheit vom 21. Januar 1817 und die königliche Genehmigung hierzu vom 26. (?) Januar 1817. Ferner ließ Wilhelm I. dem Wohltätigkeitsverein 1818 den Ertrag aus dem Verkauf der württembergischen Tageszeitung

»Regierungsblatt für Württemberg« und dem zugehörigen Kalender in Höhe von 6.000 Gulden für wohltätige Zwecke zukommen, vgl. Dankes-Brief der Zentralleitung des Wohltätigkeitsvereins an König Wilhelm I. vom 7. April 1818, vgl. HStA E 14 Bü 1210.

fern zahlreiche Armen-Beschäftigungsanstalten gegründet bzw. bestehende ausgebaut und gefördert. Die Wirksamkeit sämtlicher Aufgaben und Arbeiten auf allen Ebenen sollte durch regelmäßige Berichte von den Distrikts- bzw. Lokalleitungen an die Oberamtsleitungen und von dort an die Zentralleitung erfolgen. Die Oberämter hatten hierbei nach einem vorgegebenen Muster zu berichten: »*eine Aufzählung der Armenfonds und Armen-Unterstützungs-Anstalten, welche bereits bestehen*«, »*eine Beurteilung über Zweckmäßig- oder Unzweckmässigkeit (dieser)*«, »*Vorschläge der Wiederemporbringung der etwa vernachlässigten Anstalten*«, »*Angabe der Zahl der Armen, welche inzwischen von Almosen unterstützt wurden, und welche noch zu unterstützen wären*«, »*die bisherige Beschäftigung der Armen, nebst Vorschläge über die künftige Beschäftigung derjenigen, welche es bisher an Arbeit fehlte*« und auch eine »*Beurtheilung, in wie weit zu allem, was notwendig wäre, die ordentlichen Fonds zureichen oder nicht*«.

Die Lokal- und Oberamtsleitungen waren grundsätzlich aufgefordert mit dem gleichen Enthusiasmus und Motivation an die Arbeit zu gehen wie die Zentralleitung bzw. die Königin: »*(...) so wie die Centralstelle mit unausgesetzter Thätigkeit den hohen Zweck verfolgen wird, so darf sie auch von den Oberamts- und Lokalleitungen erwarten, daß sie sich auch gleichem religiösen Sinne und Eifer dem edlen Berufe, das Elend der Mitbürger auf alle Weise zu erleichtern, widmen werde (...)*«. Alle sechs Monate

sollte der Öffentlichkeit über die Fortschritte und Erfolge Rechenschaft abgelegt werden, und Mitglieder, welche »*sich durch ihre Thätigkeit oder besondere Beiträge ausgezeichnet haben*« auf Wunsch namentlich genannt werden. Hierfür mussten die Oberämter regelmäßig Meldung an die Zentralleitung zur Entwicklung des Armenwesen in ihren Gemeinden geben, wobei den Oberämtern und Lokal-Leitungen extra gefertigte Vordrucke und Formulare zugesandt wurden[45]. So meldete die Lokalleitung von Wildberg an das Oberamt Nagold im September 1818 insgesamt 146 bedürftige Personen, wobei zu jeder einzelnen Person persönliche Angaben erhoben wurden. Hierbei zeigte sich ein erheblicher Anteil an Bedürftigen über 60 Jahre und an Minderjährigen im Alter zwischen drei und dreizehn Jahren[46] (Abb. 22).

Die Berichte sämtlicher Lokal- und Oberamtsleitungen ebenso wie alle übrigen Schreiben sollten direkt an Catharina geschickt werden: »*unter der Adresse: An Ihre Majestät die Königin für die Central-Leitung des Wohltätigkeits-Vereins*«. Damit wurde eindeutig festgelegt, dass sämtliche Informationen zur sozialen Krise in Württemberg über Catharinas Schreibtisch liefen. Zahlreiche Unterlagen belegen, dass die Königin tatsächlich alle Schriften las, sich Lösungsvorschläge notierte und sich mit den Mitgliedern der Zentralleitung beriet. Dabei achtete sich auf einen permanenten Informationsfluss und Austausch zwischen allen Beteiligten[47] (Abb. 23/24/25). Zudem begab sich

45 So wurden anhand eines »Circular der Centralleitung an sämtliche Oberamts- und Localleitungen des Wohltätigkeitsvereins« vom 8. Dezember 1818 die Oberämter und Lokalleitungen aufgefordert, Angaben zur Zahl der Bedürftigen, der vorhanden und benötigten Mitteln und der Anzahl der Mitglieder zu geben. Hierfür wurden den Leitungen vorgedruckte Formulare mit Tabellen und elfseitigen (!), detailreichen Hinweisen zu den benötigten Angaben als »Ausfüll-Hilfen« an die Hand gegeben. Nach Aufforderung durch die Oberämter hatten die Lokalleitungen innerhalb von acht Tagen Bericht zu erstatten, vgl. HStA A 537 Bü 6874.

46 Der Bericht der Lokalleitung Wildberg vom September 1818 über die 146 bedürftigen Personen im Ort gibt einen beispielhaften und äußerst detailreichen Einblick in die soziale Struktur der Armen im Ort, welcher anhand von zehn Punkten erläutert wird. Folgende Punkte wurden dargestellt: »Name; Alter; Gesundheitszustand; Profession oder Arbeit, die der Arme versteht; dessen Vermögen aus Kapital oder liegenden Gütern; ob er Recht an einem Haus habe; welches seine nächsten Anverwandte seyen; deren Vermögen (...); bisher sittliche Aufführung des Armen besonders auch in Hinsicht auf Arbeitsamkeit (...) und Bettel; Antheil des Kirchenconvents, ob es beabsichtige a) den Armen ins Institut aufzunehmen b) ihm Arbeitsmaterial nach Haus zu geben (...)«, zudem waren die Personen nochmals in Wittwer/Witwen, Verheiratete und Kinder unterteilt, vgl. HStA A 573 Bü 6874.

47 Von dem aktiven, ständigen und umfassenden persönlichen Engagement Catharinas zeugen eine Vielzahl von Archiva-

lien: so ihr persönliches Notizbuch, diverse handschriftliche Blätter mit Überlegungen und Anmerkungen zu einzelnen Details im Wohltätigkeitsverein bzw. in den Oberämtern, Anmerkungen und Korrekturen zu den jeweiligen Oberamtsberichten und diverse Briefe an die einzelnen Mitglieder der Zentralleitung. Aus dem Detailreichtum der einzelnen Anmerkungen und der Korrekturen in sämtlichen Protokollen, Berichten und Briefen von allen Beteiligten geht eindeutig eine starke und durchgängige Beteiligung der Königin hervor, vgl. HStA Stuttgart G 270 Bü 8 mit ihrem Nachlass, darin u.a. ihr Notizbuch (undatiert) mit handschriftlichen Notizen u.a. zur Auswahl der Mitglieder für die Zentralleitung oder den verschiedenen Oberamtsberichten; Briefe Catharinas an die Mitglieder der Zentralleitung des Wohltätigkeitsvereins oder der Stuttgarter Oberamtsleitung etc. aus den Jahren 1817 und 1818, sowie zahlreiche lose Notizblätter mit Ideen, Anmerkungen und Aufgaben. Ferner die Bestände StAL E 31 Bü 1151 und Bü 1152 (Gründung und Arbeit des Wohltätigkeitsvereins), HStA E 14 Bü 1210 und StAL E 191 Bü 4454 (Ernennung von Mitgliedern für den Wohltätigkeitsverein); sowie StAL E 191 Bü 4465 (Nachlass von Georg August Hartmann, stell. Vorsitzender des Wohltätigkeitsvereins) und StAL E 191 Bü 7477 (Ernennung von Mitgliedern für den Wohltätigkeitsverein), welche alle ebenfalls eine Vielzahl von persönlichen Briefen und Anmerkungen Catharinas enthalten. Diese Vielzahl von chronologisch dichten Belegen ihrer aktivsten Tätigkeit zeugt von einem immensen Arbeitspensum, das Catharina bewältigte.

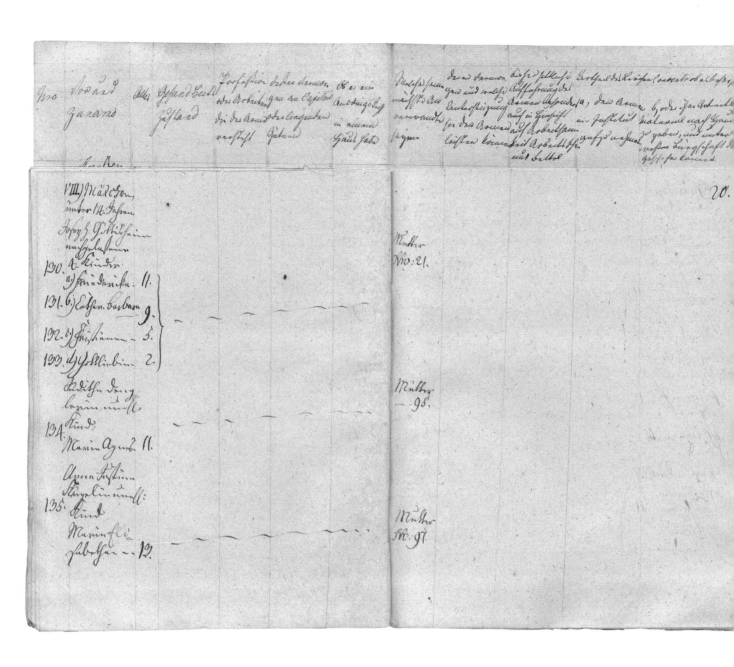

Abb. 22

**Bericht der Lokalleitung Wildberg**

über die 146 bedürftigen Personen im Ort vom September 1818,
hier unter Nummer 130 bis 135 die Mädchen unter 14 Jahren mit Verweis auf Alter
und ggf. Verweis auf die Nummer der Mutter
HStA A 573 Bü 6874.
*Copyright: HStA*

Abb. 23/24/25

**Notizbuch von Königin Catharina ab 1816,** worin sie mit Bleistift diverse Notizen machte,
z. B. zur Auswahl der Mitglieder der Zentralleitung des Wohltätigkeitsvereins oder zum Fortgang der Arbeiten
in den einzelnen Oberämtern

HStA G 270 Bü 8

*Copyright: HStA*

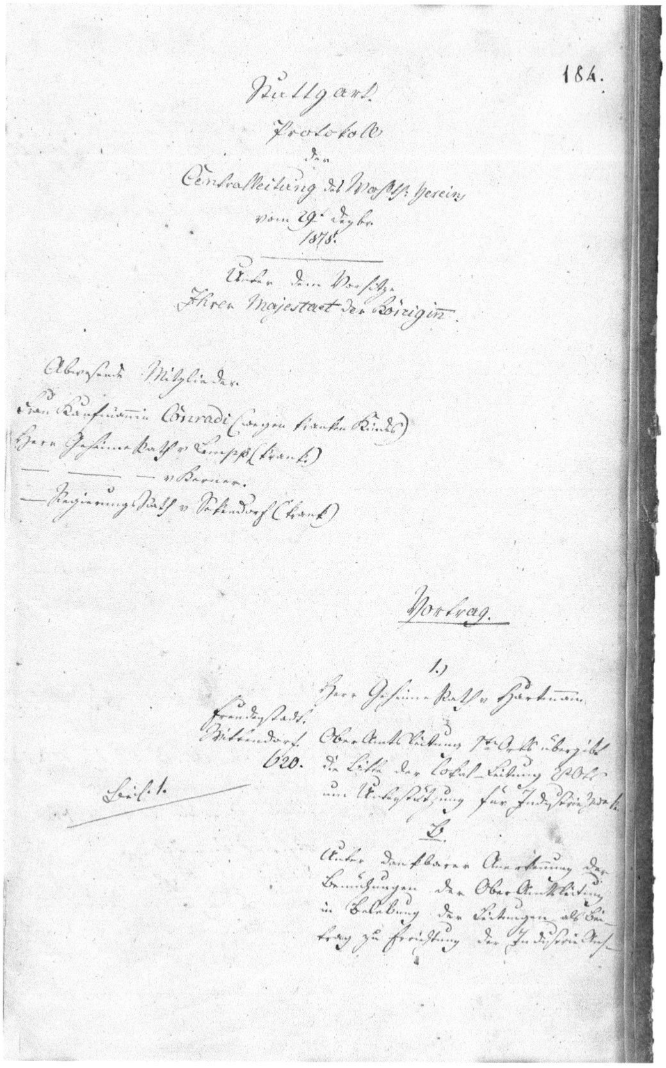

**Abb. 26**
**Protokoll der Zentralleitung des Wohltätigkeitsvereins**
vom 29. Dezember 1818
Archivalie StAL E 191 Bü 7471
*Copyright: StAL*

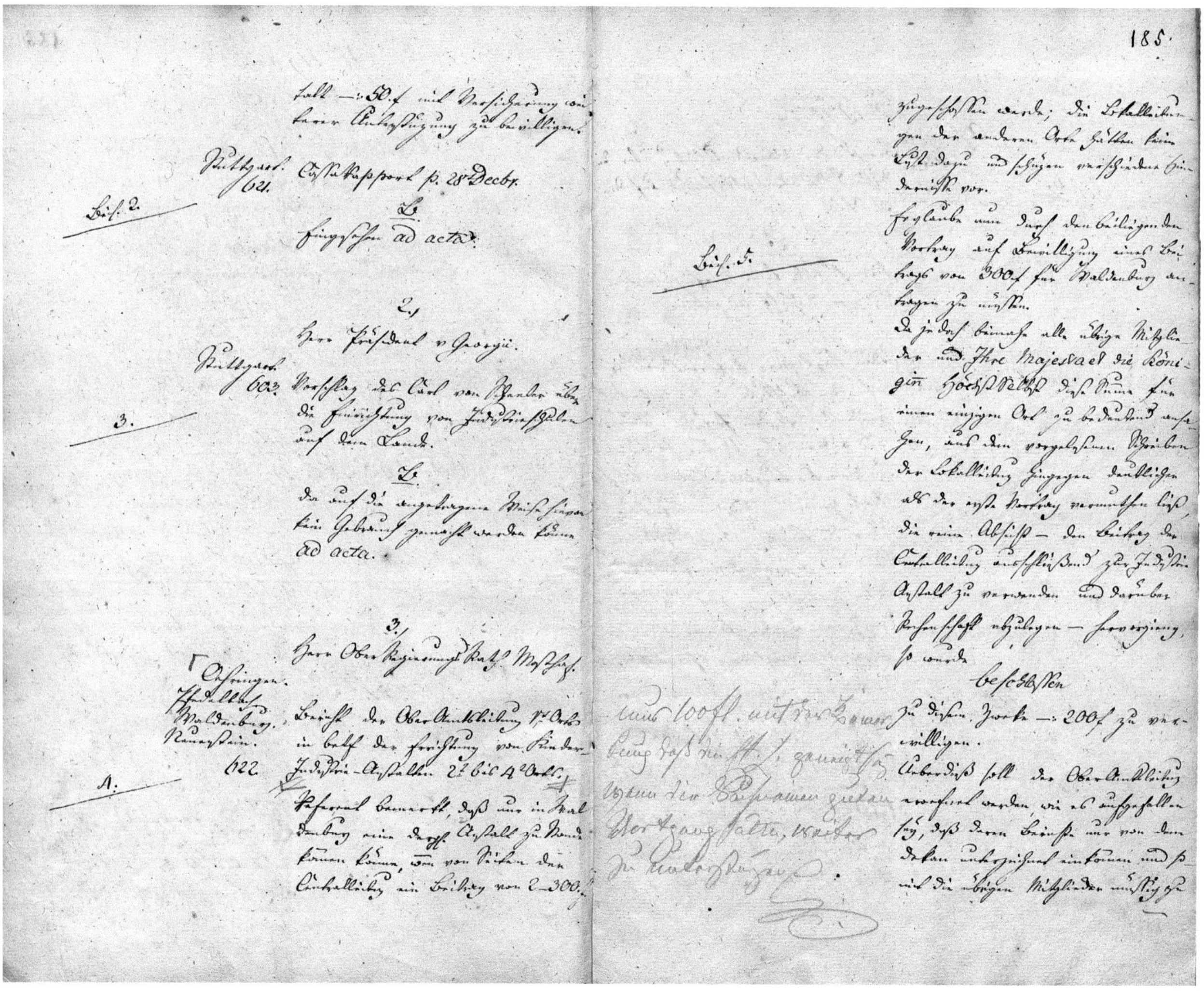

seyn scheinen.]

[Oehringen. 625. Bericht der Oberamtsleitung über den Zustand des Armenwesens p. auf den 31. Octbr.

Beil. 6.

E.

Hierauf sind keine Verfügungen nöthig und geht deshalb ad acta.]

für das Hauptresultat zu brauchen

Sodann trägt Herr Referent vor, er habe den Beschlüssen in der letzten Sitzung gemäß mit dem Professor v. Thouret und andern zum Unterricht für Handwerker tauglichen Männern Rücksprache genommen, und einen Entwurf über die Errichtung dergl. Schulen an Sonn und Feyertägen verfertigt, unter deßen Zugrundlegung zur Ausführung geschritten werden könnte, wenn man zuvor wegen des vorgeschlagenen Lokals im Redoutenhause im Reinen wäre.

Nachdem dieser Entwurf, der die Bildung einer Zeichnungsschule umfaßte, verlesen war, geruhten Ihre Majestät die Königin zu bemerken, daß Referent den Umstand übersehen habe: einmal, daß das Ganze die



Centralleitung des W. V. eigentlich nicht mehr angehe, sondern, daß man zur Ausführung überhaupt höhern Erlaubniß haben müßte.

Uebrigens werden Ihre Majestät die Königin das Weitere besorgen und den berührten Entwurf zu den Akten nehmen.

4.)

Herr Ober Rechnungs Rath Ludwig.

Weinsberg. 605. Oberamtsleitung berichtet ferner über die Industrie-Anstalt in Weinsberg.

Beil. 7.

E.

nach geschehener Ergänzung in der Tabelle, ad acta.

5.)

Herr Stiftsprediger D. Flatt.

{Mergentheim. Neuenstadt. 607. Tettnang. 606. Waiblingen. 624. Eßlingen 606.}

B — 11.

Gemeinschaftl. Oberämter berichte über die Vertheilung der von auswärtigen Menschenfreunden erhaltenen Gelder.

E.

An die Registratur ad colligenda.

6.)

Herr Geheimer Hofrath Cotta v. Cottendorf.

Eßlingen. 557. reprod: der Bericht des Stiftungsverwalters Kaw in betreff anderer Einrichtung der Arbeitsinstitute im Allgemeinen.

Beil. 12.

E.

Da dieser Bericht Vorschläge enthalte, welche bey Bearbeitung der Materie von Arbeitshäusern p.p. zu berücksichtigen seyn dürften, so wäre derselbe dem Herrn Präsident v. Georgii zuzustellen.

Eßlingen. 609. Schreiben des Stiftungsverwalters Kaw, wonach eine Parthie Proben von Zeug und Strumpfweberei-Waaren zur Ansicht und etwaigen Verkauf in dem National-Industrie-Magazin überschickt werden.

13.

E.

Angenommen daß keine Fabrikate von Armen seyen, so solle deren Annahme ins Magazin für diesmal doch statt finden und dem Stiftungsverwalter davon Nachricht gegeben werden.

Hierbei kam zur Sprache, daß das National-Industrie-Comptoir gegen-

[illegible]

Beil. 14.



wärtig Artikel von nachstehenden Professionisten wie z. B. Hüte von Händlern in Göppingen, Handschuhe von Eßlingen, Ellenwaaren p.p. besitze, was gegen die Bestimmung der wohlthätigen Anstalt anstoße und zu Beschwerden von Kaufleuten und hiesigen Professionisten Anlaß geben könne.

---

Ueber die Verhandlungen der Armen-Commission liegt das Protokoll besonders bey.

---

Vorstehendes beurkundet
Der Sekretär der Centralleitung des W. V.
Ober Rechnungs Rath
Roth.

Catharina auch selbst vor Ort[48], um sich ein Bild der jeweiligen Situationen machen zu können. Angesichts der Vielzahl von Belegen der aktiven Teilnahme Catharinas an der Entstehung und Arbeit des Wohltätigkeitsvereins ist es eindeutig, dass sie ihre Verpflichtung als Vorsitzende des Vereins nicht nur als repräsentative und finanzielle Aufgabe betrachtete, wie es ihr als Königin durchaus zugestanden hätte. Vielmehr nahm sie von der Idee und Entwicklung bis zum alltägliche Ablauf permanent die Aufgaben und die Verantwortung aktiv wahr und nahm die Aufgabe des Vorsitzes sehr ernst[49].

An den wöchentlichen Sitzungen der Zentralleitung des Wohltätigkeitsvereins nahm Catharina im Durchschnitt an jeder zweiten Sitzung teil: so war sie 1818 bei 25 von 53 Sitzungen dabei, wobei sie aber schon durch die Geburt ihrer jüngsten Tochter Sophie mehrere Sitzungen auslassen musste. Die übrigen »Fehlzeiten« waren durch anderweitige Termine am Hof (Audienzen, Empfänge, Reisen u. ä.) verursacht. Sofern sie nicht anwesend sein konnte, ließ sie sich die Protokolle der einzelnen Sitzungen vorlegen und versah diese gegebenenfalls mit eigenhändigen Bleistift-Kommentaren. Die so korrigierten Protokolle sandte sie der Zentralleitung alsbald wieder zurück.

Die Sitzungen waren jeweils so aufgebaut, dass die einzelnen Mitglieder entweder eigene Vorschläge zur Verbesserung der Arbeit des Vereins vorbrachten, oder dass Anfragen und Berichte aus den einzelnen Oberämtern oder Lokalleitungen von den jeweils als »Gebietsreferenten« zuständigen Mitgliedern vorgetragen und diskutiert wurden. Im Durchschnitt wurden hierbei vier bis sieben Punkte in einer Sitzung besprochen und Entscheidungen hierzu getroffen. Catharina nahm letztmalig an der Sitzung am 29. Dezember 1818 teil, wo u. a. der Bitte der Lo-

kalleitung in Freudenstadt um 50 Gulden zur Unterstützung der Einrichtung einer dortigen Industrie-Anstalt vollständig und der Antrag der Oberamtsleitung in Öhringen um Unterstützung von 200 – 300 Gulden für die Errichtung von mehreren Kinder-Industrie-Anstalten im dortigen Oberamt teilweise entsprochen wurde (Abb. 26): Im Vortrag des zuständigen Referenten, Regierungsrat Mosthaf, zeigte sich, dass eine derartige Einrichtung nur in der Gemeinde Waldenburg machbar sei, da die sonstigen dortigen Lokalleitungen kein Interesse an einer solchen Anstalt hätten: »(...) da jedoch beinahe alle übrigen Mitglieder und Ihre Majestät die Königin Höchstselbst diese Summe für einen einzigen Ort zu bedeutend ansahen, aus dem vorgelegten Schreiben der Lokalleitung hingegen deutlicher als der erste Vortrag vermuten ließ, die reine Absicht – den Beitrag der Centralleitung ausschließlich zur Industrie-Anstalt zu verwenden und darüber Rechenschaft abzulegen – hervorging, so wurde beschlossen zu diesem Zweck 200 Gulden zu verwilligen (...)«. Catharina notierte ergänzend in dem späteren Protokoll noch handschriftlich dazu: »nur 100 Gulden mit der Anmerkung, daß die C(entral).L(eitung). geneigt sey, wenn die Sache einen guten Fortgang hätte, weiter zu unterstützen«[50].

Catharina sah diese Arbeiten als ihre persönliche Pflicht an: »(...) seit die Vorhersehung mich in dieses Land gebracht hatte, war es mir stets eine heilige Angelegenheit zu dem Besten der Bewohner daselbst alles beyzutragen, was mir in meinen Verhältnissen möglich ist (...)« und war sich der Bedeutung ihrer Unterstützer bewusst: »(...) daß sich so Manche finden, welche es für Ihren Beruf halten, meine wohlmögenden Absichten zu befördern, hat mich oft gerührt und ermuntert (...)«[51]. Eine besondere familiäre Unterstützung fand sie zudem in der Tante ihres Gatten, in Herzogin

48 In dem Brief Catharinas an die Oberamtsleitung Herrenberg vom 4. September 1817 geht hervor, dass sie sich auch selbst vor Ort begab: »(...) Auf meiner Reise durch das Oberamt Herrenberg habe ich gesehen, daß hie u. da der Bettel noch fortdauert u. besonders auch Krüppel als Bettler an der Landstraße positioniert sind (...)«, vgl. HStA G 270 Bü 8.

49 Eine gewisse Parallele gibt es zu ihrer Schwester Maria Pawlowna (1786–1859), die seit 1804 als verheiratete Erbprinzessin von Sachsen-Weimar in Weimar residierte: Diese hatte dort schon seit 1813 die bestehenden Frauenvereine gefördert und ausgebaut, um die Not in der Bevölkerung zu lindern, welche durch die napoleonischen Kriege verursacht worden war. Maria stand diesen Vereinen vor, jedoch konzentrierte sich ihr Engagement in erster Linie auf die finanzielle Unter-

stützung und die allgemeine Protektion, wie es »normalerweise« bei hochrangigen weiblichen Mitgliedern von Herrscherhäusern üblich war (und bis heute ist), da die »Caritas« als eine der vorrangigsten Tugenden bei Frauen angesehen wurde. Vgl. Ausst.-Kat. Maria Pawlowna, 2004.

50 Vgl. Protokoll der Sitzung des Wohltätigkeitsvereins vom 29. Dezember 1818, StAL E 191 Bü 7471. Sämtliche Protokolle der Sitzungen des Wohltätigkeitsvereins von 1816 bis 1855 befinden sich heute gebunden im StAL E 191, so für das Jahr 1818 in StAL E 191 Bü 7471, die übrigen im Bestand StAL E 191 E 21 bis E 58.

51 HStA G 270 Bü 8 Brief Catharinas an den Staatsrat und württembergischen Innenminister Christoph Friedrich von Schmidlin.

Henriette von Württemberg-Teck geb. Prinzessin von Nassau-Weilburg (1780–1857)[52], welche auf Wunsch von Catharina den Vorsitz der Oberamtsleitung des Wohltätigkeitsvereins in Kirchheim übernahm[53].

Catharina hatte sich offensichtlich schon als Kronprinzessin mit der herrschenden Notlage auseinandergesetzt[54]: so findet sich ein detaillierter Bericht zu Strukturen und Aufgaben des *»Berliner weiblichen Wohltätigkeitsvereins«,* welcher von Wilhelmine von Bouguslawski, Kapitularin des preußischen Louisenorden und Vorsteherin des weiblichen Wohltätigkeitsvereins in Berlin, am 6. November 1816 erstellt wurde, und offensichtlich für Catharina bestimmt war[55]. Es muss daher eine entsprechende Bitte von Seiten Catharinas an diese Damen ergangen sein, nachdem sie zuvor zunächst einmal Recherchen bezüglich derartiger Vereine und Kontaktpersonen unternommen bzw. sich mit dem Thema beschäftigt haben muss. Demnach hat sich Catharina noch als hoch-schwangere Kronprinzessin spätestens im September/Oktober 1816 mit der sich verschärfenden Krise auseinandergesetzt, nachdem die Hoffnung auf eine halbwegs erträgliche Ernte im Sommer 1816 geschwunden war und die Not in der Bevölkerung nun stetig wuchs[56]. Es ist wahrscheinlich, dass sich Catharina hierzu auch mit ihrer Schwester Maria Pawlowna in Weimar austauschte, da diese schon 1813 dort die Frauenvereine zur Linderung der sozialen Not ausgebaut und gefördert hatte, und Catharina den württembergischen Wohltätigkeitsverein zunächst auch als reinen Frauenverein aufbauen wollte. Mit dem überraschend schnellen Regierungsantritt ihres Gatten Wilhelm I. konnte sie jedoch deutlich umfangreicher agieren, als es ihr als Kronprinzessin möglich gewesen wäre. Im Zusammenspiel mit Wilhelm I. war es nun möglich – und angesichts der großen Notlage auch nötig – sämtliche einer Königin zur Verfügung stehende Mittel für ihr Vorhaben einzusetzen.

52  Henriette von Württemberg-Teck war die Gattin von Herzog Ludwig (Louis) von Württemberg (1756–1817), der der jüngere Bruder von König Friedrich I. von Württemberg war, und lebte ab 1811 im Schloss Kirchheim/Teck. Bis zu ihrem Tod 1857 war sie in Kirchheim sehr engagiert und unterstützte zahlreiche soziale Einrichtungen.

53  Brief von Catharinas Privatsekretär Geheimrat von Buschmann vom 27. Dezember 1816 an Herzogin Henriette: »(…) kurz vor der Abreise nach Frankfurt ertheilen mir Ihre Majestät die Königin den Befehl Euer Königlichen Hoheit den hierbeifolgenden Plan zu einem Wohltätigkeitsverein mit dem beyfügen zu übersenden, daß es der Königin angenehm seyn würde, wenn es Euer Königlichen Hoheit gefällig wäre, sich selbst an die Spitze des für das Oberamt Kirchheim zu stiftenden Vereins zu stellen, damit dieser Verein desto eher zu Stande käme und zu Wirksamkeit treten möge. (…)«, vgl. HStA G 270 Bü 8.

54  Wilhelm I. und Catharina traten ihre Regentschaft am 30. Oktober 1816 an; nachdem König Friederich I. überraschend nach einer Lungenentzündung am gleichen Tag verstorben war. Aufgrund der bis dato guten körperlichen Verfassung Friedrichs war sein plötzlicher Tod nicht absehbar.

55  Bericht über die Aufgaben des »Berliner weiblichen Wohltätigkeitsvereins«, verfasst von Wilhelmine von Bouguslawski geb. von Radeken (1769–1839); diese war die Gattin des preußischen Generals Carl Anton von Bouguslawski und gehörte dem preußischen Louisenordens, dem höchsten weiblichen Orden Preußens an, vgl. StAL E 191 Bü 7476.

56  Wahrscheinlich hatte sie sich sogar noch früher mit dem Thema beschäftigt, da bereits seit dem Frühjahr bzw. bei ihrem Eintreffen in Württemberg im April 1816 sich schon die schlechte Witterung und der damit verbundene Einfluss auf die Ernte bemerkbar machte.

*Ansicht der Einfahrt des ersten Getraide Wagens zu Stuttgart im Jahr 1817. den 28. Julius*

*zu finden bei F. Möller in Stuttgart.*

Abb. 27

Unbekannter Künstler:

**Einfahrt des ersten Getreidewagens nach der Hungerkrise vor der Stiftskirche Stuttgart 1817**

1817

Landesmedienzentrum (LMZ) Stuttgart

*Copyright: LMZ*

# DIE ARMEN-COMMISSION
## UND DIE BESCHÄFTIGUNGS-ANSTALTEN

*»...den bey seiner Gründung aufgestellten Grundsatz:*
*»Arbeitsfähigen für Arbeit Unterstützung angedeihen zu laßen«*
*mit Strenge (zu) befolgen...«*

Mit der erfolgreichen Gründung und Etablierung des Wohltätigkeitsvereins war es zunächst einmal möglich geworden, mit Sofort-Maßnahmen die Städte und Oberämter im Kampf gegen die akute Hungersnot zu unterstützen, und somit einen erheblichen Teil der Bevölkerung vor einem Tod durch Hunger und Krankheiten zu bewahren. Es bestand jedoch weiterhin die Problematik, dass ein hoher Anteil der Bevölkerung noch immer von Almosen abhängig war.

Auch nach der ersten erfolgreichen Ernte 1817 (Abb. 27), waren 1818 offiziell immer noch 26.635 Menschen von Spenden abhängig, bei einer Gesamtbevölkerung von 1.364.955 Personen in Württemberg[57]. Der Anteil von somit rund 2 Prozent an Bedürftigen schien tolerabel zu sein, die Problematik lag aber in der Vielzahl von noch immer notleidenden Familien und Kindern. So zeugt ein Bericht der Lokal-Leitung der Stadt Stuttgart vom Januar 1818, welchen Catharina als Vorsitzende des Wohltätigkeitsvereins persönlich ihrem Gemahl König Wilhelm I. zukommen ließ, von der hohen Anzahl hilfsbedürftiger Familien allein in der Stuttgarter Innenstadt[58]. Demnach waren 717 Familien auf Unterstützung angewiesen. Sie erhielten pro Woche insgesamt 3565 Portionen Suppe, 78 Portionen Krankenspeisen, und alle zwei Wochen 265 Portionen Brot und 116 Portionen Mehl; zudem im Winter 1817/1818 insgesamt 6285 Schütter[59] Brennholz (Abb. 28).

---

57 Undatierte »Übersicht der in Almosen stehenden Personen nach den Bevölkerungslisten vom Jahr 1812 bis 1818«, HStA E 143 Bü 118. Demnach waren 1812 noch 18.926 Personen von Unterstützung abhängig, von 1813 bis 1816 jährlich um die 19.000 Personen; 1817 und 1818 stieg die Zahl auf jeweils knapp 27.000 Personen.

58 Der Bericht »Residenzstadt Stuttgart – Übersicht über den Zustand des Armenwesens in jedem Districte der Stadt in der Mitte des Januars 1818 – aus dem von den Frauen Districts-Vorsteherinnen Ihrer Majestät der Königin übergebenen Tabellen gezogen« übersendete Catharina ihrem Gemahl mit einem Schreiben vom 3. Februar 1818: »(...) Euer Königliche Majestät! Nachdem ich mich genau vom Zustande des Local-Wohltätigkeits-Vereins der hiesigen Stadt unterrichtet habe, halte ich mich verpflichtet Euer Königliche Majestät meinen Bericht durch die beiliegende Tabelle zu erstatten. Ich darf mit voller Überzeugung versichern, daß die Vorsteher männlichen und weiblichen Geschlechts gewissenhaft ihre Pflicht erfüllt und sich durch

Ihren Eifer der Aufmerksamkeit Euer Königlichen Majestät würdig gemacht haben. Catharina (...)«. In der Übersicht werden zudem die Namen sämtlicher Districts-Vorsteher und Vorsteherinnen genannt, sowie der Beitrag des Königs für die Stuttgarter »Localen Armen-Cassen« in Höhe von 4.000 Gulden, vgl. HStA E 14 Bü 1215.

Das eigenhändige Konzept der Antwort des Königs ist ebenfalls erhalten: »(...) Durchlauchtigste! Ich habe Eur. Majestät und Liebden Zuschrift vom 3. dahier richtig erhalten, und daraus mit dem größten Vergnügen die ertragreiche Wirkung des hiesigen Wohltätigkeits-Vereins ersehen. Indem Ich Eur. Majestät und Liebden als großmüthige Schreiberin dieser Anstalt Meinen lebhaftesten Dank für das viele Gute, welches durch dieselbe der Armen Classe zugeht und meine aufrichtigste Zufriedenheit über die zweckmäßige Leitung der selben, welche Eur. Majestät und Liebden sich selbst unterzogen habe, bezeuge, verbleibe ich mit der zärtlichsten Freundschaft und größten Hochachtung. (...)«, vgl. HStA E 14 Bü 1215.

59 Ein Schütter war ein Kubikmeter loses Holz.

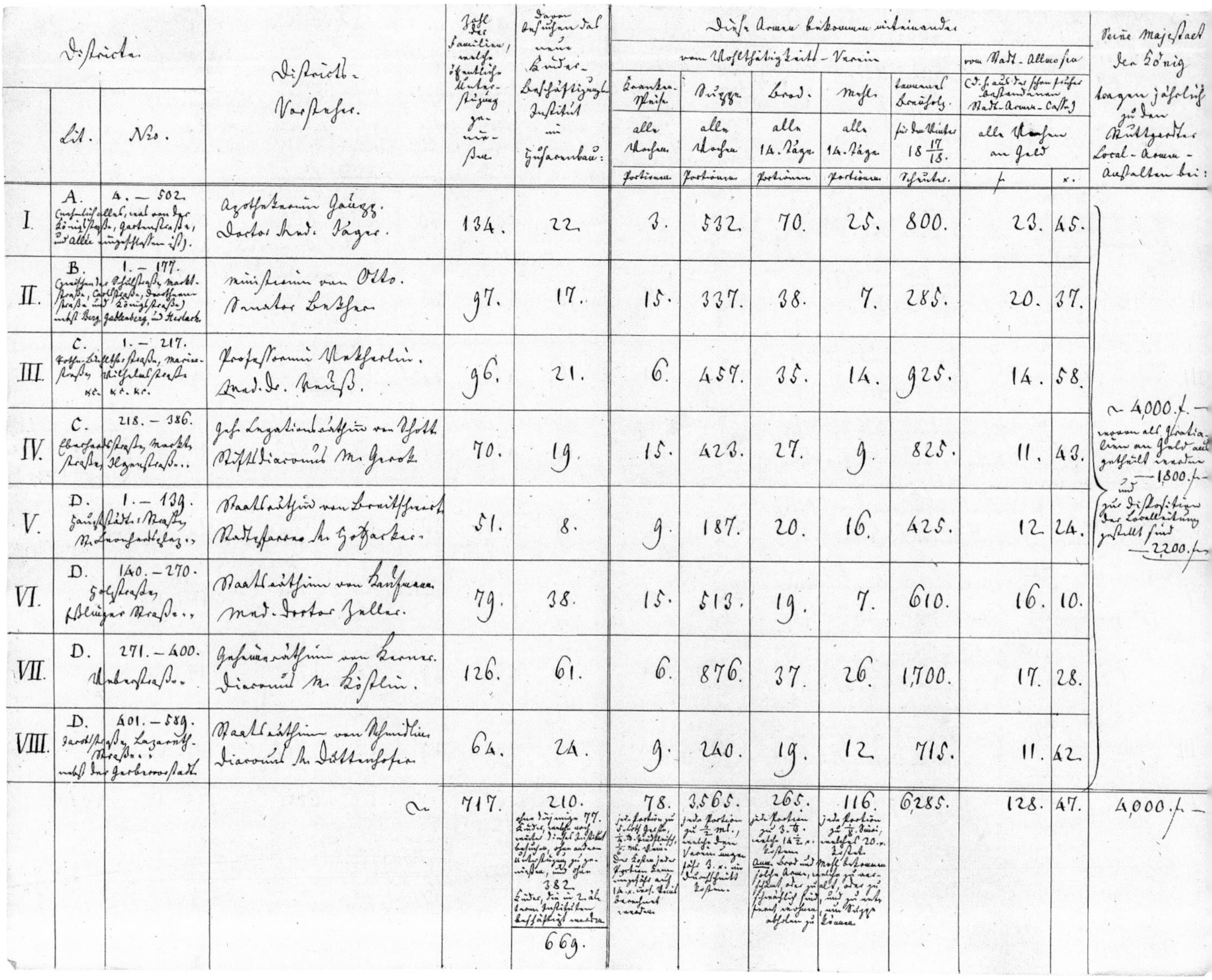

| Districte (Lit. / Nro.) | Districts-Vorsteher | [Zahl der Familien, welche Unterstützung genießen] | [Tagen, an welchen das Kinder-Beschäftigungs-Institut im Zusammenbau] | von Wohltätigkeits-Verein | | | | | vom Staatl.-Almosen | |  | Seine Majestät der König tragen zufolg zu den Mittgliedern Local-Armen-Anstalten bei |
|---|---|---|---|---|---|---|---|---|---|---|---|
| | | | | [Krankenpflege] | [Brügge] | [Brod.] | [Mehl.] | [laurend Brennholz] | [alle Wochen an Geld] | | |
| I. A. 1.–502. | Agostinerin Gaigg, Doctor med. Sager | 134. | 22. | 3. | 532. | 70. | 25. | 800. | 23. | 45. | |
| II. B. 1.–177. | Ministerin von Otto, Senator Bether | 97. | 17. | 15. | 337. | 38. | 7. | 285. | 20. | 37. | |
| III. C. 1.–217. | Professorin Rathgeb, Med. Dr. Knäß | 96. | 21. | 6. | 457. | 35. | 14. | 925. | 14. | 58. | |
| IV. C. 218.–386. | Legationsräthin von Holl, Stiftsdiaconus M. Grot | 70. | 19. | 15. | 423. | 27. | 9. | 825. | 11. | 43. | ~4.000 f. |
| V. D. 1.–139. | Staatsräthin von Breitschwerd, Rathsherr M. Hofacker | 51. | 8. | 9. | 187. | 20. | 16. | 425. | 12. | 24. | |
| VI. D. 140.–270. | Staatsräthin von Sarwura, Med. Doctor Zeller | 79. | 38. | 15. | 513. | 19. | 7. | 610. | 16. | 10. | 1.800 f. / 2.200 f. |
| VII. D. 271.–400. | Geheimräthin von Kerner, Diaconus M. Köstlin | 126. | 61. | 6. | 876. | 37. | 26. | 1.700. | 17. | 28. | |
| VIII. D. 401.–589. | Staatsräthin von Schmidlin, Diaconus M. Dittenhofer | 64. | 24. | 9. | 240. | 19. | 12. | 715. | 11. | 42. | |
| Summa | | 717. | 210. | 78. | 3.565. | 265. | 116. | 6.285. | 128. | 47. | 4.000 f. |

Abb. 28
Übersicht der Lokalleitung des Wohltätigkeits-vereins in Stuttgart mit den Aufwendungen für die unterstützenden Personen vom 3. Februar 1818
Archivalie HStA E 14 Bü 1215
*Copyright: HStA*

Außerdem erhielten die Familien noch insgesamt 128 Gulden und 47 Kreuzer aus der Staats-Armen-Casse als direkte finanzielle Hilfe. Um diese hohe Bedürftigkeit nicht zum Dauerzustand werden zu lassen, war es eine weitere Aufgabe des Wohltätigkeitsvereins, alle arbeitsfähigen Personen in die Lage zu versetzen, zukünftig für den eigenen Lebensunterhalt zu sorgen: »(...) Bisher *hat der Wohltätigkeitsverein sich damit begnügen müssen, der dringendsten Noth abzuhelfen, jetzt* *aber ist die Zeit gekommen, wo derselbe, den bey seiner Gründung aufgestellten Grundsatz:* »Arbeitsfähigen für Arbeit Unterstützung angedeihen zu laßen« *mit Strenge (zu) befolgen. (...)«[60]. In den Städten und Oberämtern existierten bereits vereinzelte »Armen-Arbeits-Anstalten«, wo Personen ohne Arbeit und Ausbildung je nach ihren Fähigkeiten für einfache Arbeiten ausgebildet und angestellt wurden. Insbesondere »nicht-landwirtschaftliche« Arbeiten wurden gefördert, um zukünftig nicht mehr allein von der Landwirtschaft abhängig zu sein[61]. Die Erlöse aus dem Verkauf der her-

60 Brief Catharinas an die Oberamtsleitung Herrenberg vom 4. September 1817, vgl. HStA G 270 Bü 8.
61 Vgl. Kapitel zur Gründung des Wohltätigkeitsvereins.

gestellten Waren erhielten diese anteilig ausbezahlt, wodurch eine weitere finanzielle Unabhängigkeit geschaffen werden sollte. Zudem sollte damit das immer noch herrschende Problem der vagabundierenden Bettler behoben werden. So ließ sich die Zentralleitung des Wohltätigkeitsvereins bzw. Catharina selbst regelmäßig Bericht erstatten, wie hoch die Anzahl und Herkunft der vagabundierenden Bettler sei, um diese wieder in ihre Heimatgemeinden zurückzubringen. Zudem konnte über diese Maßnahme die Wirksamkeit

der Armen-Arbeits-Anstalten überprüft werden[62] (Abb. 29). Zu den Aufgaben der Zentralleitung gehörte daher auch die »Anlegung Allgemeiner Arbeits-Häuser« bzw. der Ausbau der bestehen-

62 So ließ sich Catharina zum Beispiel für den Monat Oktober 1817 eine Übersicht von Staatsminister von Phull-Rüppur über die Anzahl und Herkunft der Bettler in Stuttgart vorzulegen, vgl. Schreiben von Georg August von Hartmann an Staatsminister von Phull-Rüppur vom 1. November 1817. Demnach wurden im Oktober 1817 in Stuttgart von der Polizei-Direktion insgesamt 71 Bettler aufgegriffen, die zum größten Teil direkt aus Stuttgart oder den umliegenden Gemeinden kamen; es sollen im Oktober jedoch 79 Bettler weniger aufgegriffen worden sein, als noch im September, vgl. Bericht des Ober-Tribunal-Raths Abel der Königlichen Ober-Polizei-Direction vom 3. November 1817 und Schreiben an Catharina bzw. an die Zentralleitung des Wohltätigkeitsvereins vom 7. November 1817, vgl. StAL E 191 Bü 4465.

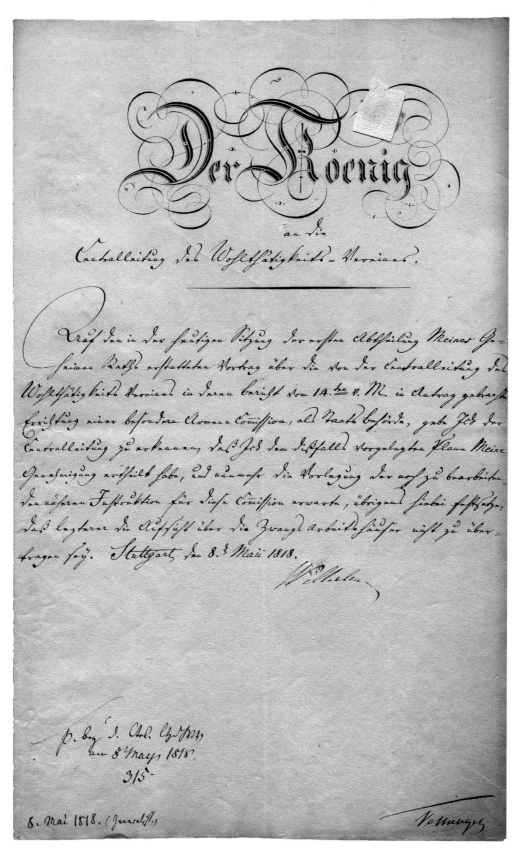

Abb. 30

**Dekret von Wilhelm I. an die Zentralleitung des Wohltätigkeitsvereins**
vom 8. Mai 1818 über die Zustimmung zur Gründung der Armencommission
Archivalie StAL E 191 Bü 4467
*Copyright: StAL*

46

den Häuser, die von den Lokal- und Oberamtsleitungen zu betreuen waren. Hierzu gehörte die Bereitstellung von Arbeitsmaterialien und die Organisation der einzelnen Anstalten.

Für eine einheitliche Struktur und Qualität der Ausbildung und Arbeitsmaßnahmen wurden die landesweiten Anstalten auf Anregung von Catharina unter einer eigenen Staatsbehörde – der »Königlichen Armencommission« – zusammengefasst und von Wilhelm I. am 8. Mai 1818 offiziell genehmigt[63] (Abb. 30). Diese war direkt dem Ministerium des Inneren unterstellt und deren Leitung wurde ausschließlich aus Mitgliedern der Zentralleitung des Wohltätigkeitsvereins besetzt. Diese Mitglieder wurden von Catharina persönlich auswählt: »(...) *die Mitglieder der C.(entral) L.(eitung) anzuzeigen, welche sich am meisten eignen die neu einzurichtende Armencommission zu bilden, namentlich der Geheimrat Hartmann, Präsident v. Georgii, Kammerdirector v. Kohlhaas, Oberregierungsrath Mosthaff u. Oberrechnungsrath Ludwig und da von Königl. Geheimrath die Meinung geäußert worden ist, daß Geistliche beyder Confessionen auch mit hinzuziehen wären, so scheinen mir die Stiftsprediger Flatt u. Dekan Sinz am besten die Absicht erfüllen zu können (...)*«[64]. Frauen konnten in der Leitung dieser Institution nicht berücksichtig werden, da die »Armen-Commission« als Staatsbehörde nur von Beamten geleitet werden durfte. Als Vorsitzender der Armen-Commisson wurde Geheimrat Georg August von Hartmann ausgewählt, so dass er als Vorsitzender der Zentral-Leitung des Wohltätigkeitsvereins wie auch der neuen Armen-Commission in einer Doppelfunktion agierte.

Catharinas Vorschläge zur Auswahl dieser Leitungsmitglieder wurden von Wilhelm I. umgehend angenommen, der hierbei auch seine persönliche Dankbarkeit gegenüber Catharina für ihre Unterstützung zum Ausdruck brachte: »*Durchlauchtigste, Großmächtigste Fürstin, freundlich vielgeliebte Gemahlin! Auf Eur. Majestät und Liebden gefälliges Schreiben vom gestrigen Datum habe Ich keinen Anstand genommen, die jenigen Mitglieder der Centralleitung des Armenvereins, wel-*

*che Sie Mir für die zu errichtende Armen-Commission vorgeschlagen haben, zu Mitgliedern derselben zu ernennen u. deßfalls sofort die nöthigen Verfügungen an die betreffenden Behörden zu erlassen. Indem ich Ew. Majestät und Liebden hiervon andurch in Kenntniß zu setzen nicht ermangle, bezeuge Ich Derselben wiederholt Meinen verbindlichsten Dank für die thätige Sorgfalt u. Unterstützung, welche Eur. Maj. u. Liebden fortwährend der Armen-Classe Meiner Unterthanen widmen und dadurch Mich in Ausübung einer der dringendsten Regierungspflichten so wirksam und erfolgreich zu unterstützen, und verharre mit den Empfindungen der zärtlichsten Zuneigung u. Ergebenheit, Eur. Maj. und Liebden, guter u. treuer Gemahl W.«*[65].

Mit der Gründung der Armen-Commission als Staatsbehörde war eine oberste Instanz geschaffen worden, die den Ausbau und strukturierten Ablauf der Armen-Beschäftigungsanstalten verantworten sollte: »*(...) der gleichförmigen Behandlung des Armen-Beschäftigungs- und Industrie-Wesen eine – unter dem Ministerium des Inneren zustellende Armen-Commission – zu errichten (...)*«[66]. Hierbei wurde der Behörde eine beratende Tätigkeit für sämtliche Belange des »Armen-Wesens« im Land eingeräumt. Große Bedeutung kam ihr z.B. im Umgang mit der hohen Zahl von Bettlern und einer »*berathenden und vollziehenden*« Tätigkeit in der direkten Aufsicht über sämtliche »*Beschäftigungs- und Industrieanstalten sowohl der Erwachsenen als der Kinder*« zu. Den Mitgliedern der Armen-Commission und allen Mitgliedern der Zentralleitung des Wohltätigkeitsvereins war erlaubt, gegenseitig an den jeweiligen Sitzungen teilzunehmen, um »*(...) ohne großen Zeitverlust und Nachtheil für die Materien (welche) nicht getrennt werden können (...)*« auf allen Ebenen agieren zu können, »*(...) da es hier nur darauf ankommt, Kenntniße und Entscheidungen zum Vortheil des vorgesetzten Zweck benutzen zu können (...)*«. Dieser enge Austausch ist bemerkenswert, da die Armen-Commission als Staatsbehörde somit in permanentem Austausch mit den bürgerlichen Vertretern des Wohltätigkeitsvereins stand. Zu den organisatorischen Aufgaben

---

63 Dekret von Wilhelm I. an die Zentralleitung des Wohltätigkeitsvereins vom 8. Mai 1818: »(...) von der Centralleitung des Wohltätigkeitsvereins (...) in Antrag gebrachte Errichtung einer besonderen Armencommission als Staatsbehörde, gebe ich der Centralleitung zu erkennen, daß ich dem diesfalls vorgelegten Plan Meine Genehmigung erteilt habe (...)«, Vgl. StAL E 191 Bü 4465.

64 Schreiben Catharinas als Vorsitzende des Wohltätigkeitsvereins an König Wilhelm I. vom 14. Mai 1818, vgl. HStA G 270 Bü 8.

65 Brief König Wilhelm I. an Catharina vom 15. Mai 1818, HStA G 270 Bü 8.

66 »Instruction für die Königliche Armen-Commission« vom 27. Juni 1818, vgl. StAL E 191 Bü 4467. Alle folgenden Zitate, wenn nicht anders angegeben, sind aus dieser Anweisung entnommen.

der Armen-Commission zählte der ständige Austausch und die Pflege des Berichtswesens zwischen den einzelnen regionalen Behörden (»Ober- und Decanats-Ämtern« und »Provincial-Regierung«) und die Weitergabe von Eingaben und Anträgen an das Ministerium des Inneren. Zudem sollten Anordnungen und Gesetze zum Armen-Beschäftigungs- und Industriewesen umgesetzt bzw. in die Praxis überführt und deren Wirksamkeit überwacht werden: »(...) *die Armen-Commission erstellt Berichte, Anbringen, Gutachten usw. an das Königliche Ministerium des Inneren, sie wechselt Noten mit den Provincial Regierungen und anderen auf gleicher Linie stehenden Behörden, sie erläßt endlich Decrete und Resolutionen an die Ober- und Decanats-Ämter. Alles, was von der Armen-Commission rausgeht, wird jedesmal von dem Dirigierenden und einem anderen Mitglied unterzeichnet (...)*«. Die Kommission verfügte über keine eigenen finanziellen Mittel, da weiterhin allein der Zentralleitung des Wohltätigkeitsvereins der Zugriff auf die Armen-Fonds in den Städten und Oberämtern oblag; sofern durch die Mittel des Wohltätigkeitsvereins bestimmte finanzielle Aufgaben der Kommission nicht erfüllt werden konnten, so hatte dieser noch die Möglichkeit »(...) *Vorschläge zu machen, die von den gewöhnlichen Behörden zu erfüllen sind (...)*«. Ein Jahresabschlussbericht der Kommission sollte eine offizielle Übersicht über die Entwicklung des Armen-Wesens geben: »(...) *über die Verrichtungen (...) und gemachten Wahrnehmungen hat die Armen-Commission am Schluß eines jeden Jahres dem Königlichen Ministerium des Inneren einen Bericht vorzulegen (...)*«.

Die neue Behörde sollte jedoch nicht in Konkurrenz zum bestehenden Wohltätigkeitsverein stehen: »(...) *der Central-Leitung wird dadurch die ihr in der K. Verordnung vom 7ten Januar 1817 (...) eingeräumten Befugniße nicht entzogen, vielmehr wird derselbe fortfahren, in der Sphäre der Freiwilligkeit durch die Oberamts- und Local-Leitungen die Wirksamkeit zu bewirken (...)*«. Es wurde mit der Gründung der Armen-Commission, die bis 1903

fortbestehen sollte, vielmehr die Armenpflege als staatliche Aufgabe verankert. Damit war die Fürsorge für die bedürftigen Untertanen als staatliche Aufgabe anerkannt und auch im Falle der Auflösung des – auf Freiwilligkeit basierenden – Wohltätigkeitsvereins gesichert. Bei sehr schwerwiegenden Problemen in einzelnen Oberämtern, dessen Hilfsbedürftigkeit über die Möglichkeiten des Wohltätigkeitsvereins hinausging, konnte jetzt zudem direkt über die Armen-Commission das Ministerium des Inneren informiert werden[67]. Außerdem konnte der Wohltätigkeitsverein als privater Verein weiterhin frei agieren und stand allen Interessierten und Unterstützern offen, konnte seine Vorschläge und Entscheidungen aber jetzt offiziell über die staatliche Armen-Commission direkt in die zuständigen Ministerien einbringen. Zuvor war dies durch die Verbindung zwischen Catharina und Wilhelm inoffiziell natürlich auch jederzeit möglich; dieses Vorgehen war aber immer an die Person der Königin als Vorsitzende des Wohltätigkeitsvereins und Gemahlin des Königs gebunden. Mit der Gründung der Armen-Commission wird der Wohltätigkeitsverein jedoch von der Person der Königin Catharina bzw. von König Wilhelm I. unabhängig gestellt und einer festen staatlichen Behörde angegliedert, wodurch die Handlungsfähigkeit des Wohltätigkeitsvereins auch in der Zukunft gesichert werden sollte.

Die Arbeiten der Armen-Commission sowie des Wohltätigkeitsvereins konzentrierten sich nach der Überwindung der größten Not zunehmend auf den Ausbau der Armen-Beschäftigungs- und Armen-Industrieanstalten für Erwachsene und Kinder, denn: »(...) *die Hülfe, welche den Armen widerfährt, besteht theils in den Leistungen der Vereins-Mitglieder, theils in Anstalten zu ihrer Beschäftigung (...) soweit es immer möglich ist, der Lebens-Unterhalt der Armen von ihrer Beschäftigung abhängig zu machen, es ist der Geist der Arbeitsamkeit in ihnen zu entfachen, zu beleben und zu erhalten, und dadurch den Keim der Laster*

---

67 So berichtet die Zentral-Leitung am 28. März 1817 an das Ministerium des Inneren und das Ministerium der Finanzen über extrem schwierige Verhältnisse und so massiver Not im Oberamt Ellwangen, angesichts dieser der Wohltätigkeitsverein nicht mehr in der Lage sei, umfassend zu helfen: »(...) daß das Oberamt Ellwangen als Folge bedeutender Verherrungen durch Hagel, natürlicher Armuth des Bodens (...) sich in einer solchen mißlichen Lage befindet, wo voraussichtlich alle Theilnahme der Central-Leitung mit Rath und That ohne Wirkung bleiben muß. (...) allein die Nahrungslosigkeit und der Mangel im Ober- amt Ellwangen hat einen Grad erreicht, welcher die Regierung zur Einschreitung veranlassen, welche nicht der Central-Leitung einer Gesellschaft freiwilliger Armenfreunde ausgehen können. Der Central-Leitung bleibt daher nichts übrig, als diesen Bericht den Königlichen Ministerien des Inneren und der Finanzen (...) mitzutheilen (...)«, vgl. HStA E 143 Bü 25. König Wilhelm verlangte in einer Note vom 29. März 1817 vom Ministerium des Inneren und der Finanzen die sofortige Vorlage von geeigneten Maßnahmen zur Unterstützung des Oberamts Ellwangen. vgl. HStA E 143 Bü 25.

zu ersticken (...), die Anstalten zur Beschäftigung der Armen müssen von den Lokal-Leitungen als der wichtigste Gegenstand ihrer Sorge deswegen betrachtet werden, weil (...) es hierbei nicht bloß auf die Abhülfe einer augenblicklichen Noth, sondern auf eine bleibende, den Bettel hindernde, die Sittlichkeit befördernde Anstalt ankommt. Die Beschäftigung der Armen beschränkt sich entweder auf den einzelnen Ort, oder wird auf gleichförmige Art im ganzen Oberamt besorgt (...) besonders aber werden die Gemeinde-Vorsteher jeden Orts ihre Aufmerksamkeit dahin richten, daß sie die Armen nicht allein durch Gegenstände des Kunst-Fleißes sondern auch durch Taglohns-Arbeiten beschäftigten (...)«[68].

Ein weiter Teil der Stuttgarter Beschäftigungsanstalt war zudem noch die im Alten Schloss untergebrachte »Kunst- und Industrieanstalt«, welche »(...) den Zweck hat, den verschämten Armen eine Gelegenheit zu geben, sich einen Erwerb durch einen erleichterten Verkauf ihrer Handarbeiten zu verschaffen (...)«[69]. Hierbei konnte »(...) jedes Frauenzimmer unter ihrem eignen oder fremden Namen Handarbeiten zum Verkauf niederlegen, für welche ein Preis bestimmt und an der Ware niedergelegt wird, wovon die Verwalterin nicht abgehen darf (...)«[70]. Damit war es in Not geratenen Personen sogar anonym möglich, durch einen eigenen Erwerb ihren Lebensunterhalt zu bestreiten und dabei das Ansehen zu wahren. Dies war insbesondere für verarmte Witwen und ledige Frauen des Bürgertums und Adels eine Hilfe, da diese aufgrund ihres Standes oftmals keine Arbeit ausüben durften bzw. erlernt hatten, während die Herstellung von Handarbeiten für Frauen jeden Standes eine angemessene Betätigung war. Nach Verkauf der Ware zum Festpreis wurde der Erlös ausbezahlt, wobei pro Gulden ein Groschen abgezogen wurde und für die Verwaltung und zur Unterstützung der späteren Catharinenschule bestimmt war. Es war sogar möglich, dass die Frauen schon vor Verkauf der Ware einen Vor-

schuss in Höhe eines Drittels des festgesetzten Preises erhalten konnten: »(...) so manche verschämte Arme erhalten sich ohne alle weitere Unterstützung ausschließlich durch den Verdienst, welchen Sie sich auf diese Weise erwerben (...)«[71].

Je nach Fähigkeit und örtlichen Gegebenheiten wurden die Bedürftigen somit in Beschäftigungs- und Industrieanstalten dazu angehalten, ihren Lebensunterhalt möglichst selbstständig zu bestreiten. Zudem sollten die Industrie-Anstalten dazu beitragen, dass neben der Landwirtschaft auch zunehmend die industrielle Produktion von Waren gefördert wurde. Die »Beschäftigungen« sollten hierbei somit auch eine »Alternative« zu bisherigen, krisenanfälligen landwirtschaftlichen Tätigkeiten sein, da »(...) Ortschaften, in welchen neben der Landwirtschaft zugleich verarbeitendes Gewerbe getrieben werden, (...) gegen alle Stürme der Zeit möglichst gesichert (sind) und der Armuth wird am wirksamsten durch erleichterten Verdienst begegnet (...)«. Beispielhaft waren daher »das Uhrmacher-Gewerbe der Schwarzwälder« oder »die künstlichen Stickerei-Arbeiten der Wildbader Mädchen«, damit »(...) das Landvolk auch des Winters eine Beschäftigung habe und das durch Kunst und Fleiß einbringen könne, was in Mißjahren durch die Natur versagt wurde (...)«. Da das »Landvolk« unter Umständen mit diesen aufwendigen Handarbeiten aber überfordert sein könnte, sollten diese mit »(...) mancherlei Stroh- und Flecht-Arbeiten, Leinwand-, Baumwollen- und Wollen-Spinnerein, Weberein, Stickerein usw. (...)« angemessen beschäftigt werden und mögliche Talente sollten hierbei durch »zweckmäßigen Unterricht« weiterentwickelt werden. Die Zentralleitung sorgte für die nötigen Hilfsmittel im Unterricht und die Lokalleitungen sorgten für die Aufsichten in den jeweiligen Anstalten. Die Produkte dieser Arbeiten wurden dann verkauft, u. a. auch an den Königlichen Hof: dieser erteilte Aufträge

---

68 Statuten des Wohltätigkeitsvereins 1817, vgl. HStA E 31 Bü 1151.
69 Diese »Kunst und Industrieanstalt« wird in einer Übersicht aller Wohltätigkeitsanstalten in Stuttgart im Jahr 1836 unter Punkt 9 aufgeführt, mit dem Verweis der Gründung unter Königin Catharina, vgl. HStA E 14 Bü 1215.
70 Ebenda.
71 Der Erfolg dieser Verkaufsstelle zeigte sich im Umsatz, der bei jährlich 18.000 bis 20.000 Gulden lag, vgl. ebenda. Die Tochter des einstigen Privatsekretärs Buschmann von Königin Catharina, erinnert sich in ihrer Kindheit ebenfalls diese Verkaufsstelle regelmäßig besucht zu haben: »(...) Für verschämte Arme rief die Königin eine Industrieanstalt ins Leben, der im Alten Schloss eine Reihe von Zimmern einge-

räumt wurde. Dorthin durften verarmte Frauen und Töchter höherer Stände ihre Arbeiten bringen, die dort durch Vermittlung angestellter Verkäuferinnen dem Publikum angeboten wurden (...) ich durfte meine Mutter oft dorthin begleiten, wenn sie Einkäufe machte, aber als das Schönste, was wir je mit heimbrachten, steht mir noch eine Arbeitstasche von weißen Samt mit goldenen Bügel und Kette vor. Auf einer Seite war ein gemalter Rosenkranz, auf der anderen eine wundervoll purpurne Amaryllis (...)«, zitiert nach: Harald Schieckel: Aus dem Umkreis der Königin Katharina von Württemberg. Erinnerungen einer Großmutter für ihre Kinder und Enkel, in: Zeitschrift für Württembergische Landesgeschichte, 51. Jahrgang, Stuttgart 1992, S. 257–293, hier S. 279.

für die Herstellung von Handschuhen, Hemden oder Socken für die diversen Reitercorps oder die Leibgarde[72].

Die Kinder, welche aufgrund der familiären Situation Gefahr liefen, ebenfalls zu Bedürftigen heranzuwachsen, wurden entweder in Kinder-Beschäftigungsanstalten bzw. in Kinder-Arbeitsschulen oder in Kinder-Industrieschulen unterrichtet. Hierbei wurden Kinder im Alter zwischen sieben und vierzehn Jahren an einfache Handarbeiten wie zum Beispiel Nähen, Stricken oder Flechten herangeführt und ausgebildet, um ihnen somit Beschäftigung und Aufsicht zu verschaffen und sie zugleich auf eine Ausbildung vorzubereiten[73]. Während in den Arbeitsschulen und Beschäftigungsanstalten ein rein praktischer Unterricht vermittelt wurde, erhielten die Kinder in den Industrie-Schulen zusätzlich einen theoretischen Lehrblock, um möglichst ein umfassendes Wissen zu erlangen. Der jeweilige Unterricht fand dazu mehrmals wöchentlich nachmittags parallel zu dem normalen Schulunterricht der Elementarschulen statt, teilweise sogar in den gleichen Schulräumen oder in sonstigen öffentlichen Gebäuden[74].

Die Mädchen wurden hierbei auf ihre zukünftigen Tätigkeiten u.a. als Näherinnen und Strickerinnen sowie Hausbedienstete vorbereitet,

ebenso wie auf die Führung eines eigenen Haushalts. Die Jungen wurden hingegen verstärkt in landwirtschaftlichem Wissen, Zeichnen und Spinnen unterrichtet, um später als Weber oder in der Landwirtschaft tätig zu sein. Nach Ende des 14. Lebensjahrs sollten die Kinder dann gut vorbereitet in eine Lehre oder in private Dienste eintreten. Der Unterricht in den Industrieschulen und Beschäftigungs-Anstalten war kostenlos und die hierbei hergestellten Produkte durften die Kinder behalten oder erhielten dafür einen kleinen Lohn. Sofern nötig wurden in diesen Institutionen auch Essen und warme Kleidung an die Kinder ausgegeben, auch um die Akzeptanz dieser Einrichtungen in der Bevölkerung zu steigern[75]. Sofern die Eltern das Schulgeld für den regulären Schulunterricht in den Elementarschulen nicht zahlen konnten, übernahm der Wohltätigkeitsverein diese Kosten[76].

Der Zuspruch zu den verschiedenen Beschäftigungsanstalten war groß: so waren im Januar 1818 allein in der Stuttgarter Innenstadt 669 Kinder in verschiedenen »Beschäftigungsinstituten« versorgt worden, wobei nicht alle davon aus bedürftigen Familien stammten[77]. Wie auch schon bei der Arbeit des Wohltätigkeitsvereins, so wurde auch über die Arbeit der Industrie- und Beschäftigungsanstalten jährlich zum 15. April (bis 1822)

---

72 Lieferung von Hemden und Socken der Armen-Arbeitsschulen, vgl. HStA E 271b Bü 217.

73 Vgl. Herkle, 2016, S. 21. Zu der Entwicklung der Industrieschulen besonders: Theresa Reich: Die Industrieschulen der Zentralleitung des Wohltätigkeitsvereins im Königreich Württemberg, in: Hilfe zur Selbsthilfe – 200 Jahre Wohlfahrtswerk für Baden-Württemberg, hg. von Sabine Holtz, Baden-Baden 2016, S. 98–119. Da der normale Schulunterricht nur wenige Stunden dauerte, sollte vermieden werden, dass insbesondere Kinder bedürftiger Familien den übrigen Tag ohne Aufsicht und sinnvolle Beschäftigung waren und so weiter ins soziale Abseits oder in die Bettelei abrutschten. Zu den weiteren Arbeiten in den Industrieschulen zählten u.a. »(...) Zubereiten von Baum- und Schafwolle, Klöppeln, Spitzenwirken, Band-Weben, Flechten und Häkeln der wollenen Schuhe, Schuh-Flicken, Kleidermachen, Zuschneiden, Waschen, Bügeln, Kochen, Strohflechten, Papparbeiten, Blumenmachen, Bienenzucht, Gärtnerey (...)«, zitiert nach Reich, 2016, S. 102.

74 Je nach Region waren die Industrie-Schulen auch zeitweise geschlossen, da auf dem Land die Kinder in der Erntezeit oder im Winter nach dem regulären Schulbesuch auf dem elterlichen Hof helfen mussten. In den Städten waren diese Schulen hingegen ganzjährig geöffnet, vgl. Reich, 2016, S. 103/104.

75 Denn die Teilnahme an den Beschäftigungs-Instituten war freiwillig, so dass die jeweiligen Mitglieder des Wohltätigkeitsvereins, welche die einzelnen Familien besuchten, auf diese zwar einwirken konnten, aber keine rechtliche Grundlage hatten diese Kinder zum Besuch der Beschäftigungsanstalten zu verpflichten. Zumal viele Eltern die Kinder für die Verrichtung von Arbeiten im eigenen Haus und Hof lieber zu Hause behalten wollten. Erst ab 1835 wurden Familien bzw. deren Kinder, welche Unterstützung erhielten oder zum Betteln angehalten wurden, durch einen Erlass der Armen-Com-

mission zum Besuch der Beschäftigungs-Anstalten verpflichtet, vgl. Reich 2016, S. 108/109.

76 »(...) Braucht ein Kind Schulgeld, das die Eltern nicht zahlen können, so geschieht die Anzeige der Local-Leitung nach vorheriger Untersuchung der Fähigkeiten des Kindes (...)«, vgl. Statuten des Wohltätigkeitsvereins vom 6. Januar 1817, HStA E 31 Bü 1151.

77 In dem Bericht zur Arbeit der Stuttgarter Local-Leitung im Januar 1818 (vgl. »Übersicht der in Almosen stehenden Personen nach den Bevölkerungslisten vom Jahr 1812 bis 1818«, HStA E 143 Bü 118) werden insgesamt 669 Kinder aufgeführt, die in Beschäftigungsinstituten versorgt werden: hiervon sind 210 Kinder aus bedürftigen Familien im »neuen Kinder-Beschäftigungsinstitut im Husarenbau« beschäftigt, weitere 77 Kinder dort stammten aus Familien, welche keine Unterstützung benötigten; und weitere 382 Kinder waren in »ähnlichen Instituten« beschäftigt. Den sogenannten Husarenbau hatte Wilhelm I. am 22. Januar 1818 dem Wohltätigkeitsverein in Stuttgart als Eigentum überlassen, wo dann u.a. eine Kinder-Beschäftigungsanstalt eingerichtet wurde, vgl. Dankes-Schreiben der Lokalleitung des Stuttgarter Wohltätigkeitsvereins vom 4. Februar 1818 HStA E 14 Bü 1215.
Bei dem sogenannten Husarenbau handelte es sich um die einstige Husarenkaserne, die 1751 im herrschaftlichen Büchsenhaus am Büchsentor eingerichtet wurde (heute Büchsenstrasse/Ecke Schlossstrasse) und in einem Flügel von 1808 bis 1823 die königliche Tabaksregie beherbergte. Das übrige Gebäude stellte Wilhelm I. dann dem Wohltätigkeitsverein zur Verfügung, ab Mitte des 19. Jh. befand sich dort das Statistische Landesamt. Schräg gegenüber befand sich die spätere Catharinenschule. Vgl. Max Bach/Carl Lotter: Bilder aus Alt-Stuttgart, Stuttgart 1896, S. 68. Georg Wochner/Friedrich Bohnert: Stuttgart 1846 und 1871. Stadtplan in farbiger Lithographie als Ausklapptafel, Stuttgart 1871.

bzw. zum 1. Mai (ab 1822) ein Rechenschaftsbericht veröffentlicht, der die Öffentlichkeit über die Entwicklung und Kosten informierte. Hierfür wurden von der Zentralleitung und der Armen-Commission Berichte über »*den Fortgang der öffentlichen Kinder-Industrie-Anstalten und Beschäftigungs-Anstalten für erwachsene Arme*« aus den einzelnen Oberamts- und Lokalleitungen angefordert, die anhand einer vorgedruckten Tabelle mit neunzehn Fragen innerhalb von 14 Tagen an die Zentralleitung weiterzuleiten waren. Abgefragt wurden zum Beispiel die Tage und Stunden der Beschäftigung, die benötigten Materialien, die erzielten Preise der gefertigten Produkte, die Anzahl der Beschäftigten und die Verpflegung während des dortigen Aufenthalts[78] (Abb. 31/32).

Die Fürsorge des Wohltätigkeitsvereins bzw. der Armen-Commission für bedürftige Kinder sollte in den folgenden Jahren auch zu den Gründungen der Kinder-Rettungshäuser in Württemberg führen, wo Kinder aus zerrütteten familiären Verhältnissen eine vollumfängliche Aufnahme, Pflege und Ausbildung fanden[79]. Sofern sich in den Familien bzw. unter den bedürftigen Personen zudem auch Kranke befanden, war dies ebenfalls der Lokal-Leitung zu melden: »*(...) Ist also ein Kranker im Hause, so zeigt das Mitglied die Krankheit dem Armenarzt selbst an, wenn er im Orte ist oder es veranlaßt die Lokal-Leitung ihn*

*auf den Platz zu bringen (...)*«[80]. Zudem kümmerten sich die Mitglieder des Wohltätigkeitsvereins um die ausreichende Speisung der Kranken, um Kleidung bis hin zu Bettzeug und Brennholz. Auf die Notwendigkeit der Bekämpfung von Krankheiten, die oftmals als Konsequenz von Armut auftraten, hatte schon der königliche Leibarzt Freiherr Karl von Jäger gleich nach Gründung des Wohltätigkeitsvereins hingewiesen, da viele bedürftige Familien »*(...) der ärztlichen Hülfe oft sehr bedürftig wären, dieselbe aber theils weil sie die Kosten scheuen, theils aus Rohheit, Nachlässigkeit oder Unwissenheit (...) vernachlässigen (...)*«[81]. Daher sollten die Mitglieder des Wohltätigkeitsvereins die jeweiligen Armenärzte oder den Amtsarzt informieren, sofern bei den betreuten Bedürftigen auch ärztliche Hilfe notwendig war. Befanden sich zudem »*(...) Blinde, Taubstumme und Wahnsinnige (...)*« in den Familien, so mussten davon die Lokal-Leitungen Bericht an die Oberamts-Leitungen bzw. an die Zentral-Leitung erstatten, damit »*(...) jene Unglücklichen in die zu ihrer Aufnahme bestimmten Häuser untergebracht werden (...)*«[82].

Bei diesen »Häusern« handelte es sich zum Beispiel um die Taubstummenanstalt in Gmünd, welche zunächst 1807 auf privater Initiative des örtlichen Pfarrers gegründet wurde und ab 1817 unter staatliche Obhut gestellt, ausgebaut und mit einer Blindenanstalt erweitert wurde[83].

78 Hierfür wurden aus den einzelnen Oberamts- und Localleitungen Berichte an die Zentralleitung und Armen-Commission über »den Fortgang der öffentlichen Kinder-Industrie-Anstalten und Beschäftigungs-Anstalten für erwachse Arme« angefordert, die anhand einer vorgedruckten Tabelle mit neunzehn Fragen an die Zentralleitung innerhalb von 14 Tagen einzugehen hatten. Abgefragt wurden so zum Beispiel die Tage und Stunden der Beschäftigung, die benötigten Materialien, die erzielten Preise der gefertigten Produkte, die Anzahl der Beschäftigten, die Verpflegung während des dortigen Aufenthalts u. ä., vgl. HStA A 573 Bü 6874.

79 Zu der Entwicklung der Kinder-Rettungshäuser ab 1820 bzw. vermehrt ab 1823 vgl. Amelie Bieg: Die Zentralleitung des Wohltätigkeitsvereins als Teil der württembergischen Rettungshausbewegung, in: Hilfe zur Selbsthilfe – 200 Jahre Wohlfahrtswerk für Baden-Württemberg, hg. von Sabine Holtz, Baden-Baden 2016, S. 46 – 69.

80 Siehe die Statuten des Wohltätigkeitsvereins.

81 Zitiert nach: Beate Dettinger: Das Gesundheitsmanagement der Zentralleitung des Wohltätigkeitsvereins (1817–1914), in: Hilfe zur Selbsthilfe – 200 Jahre Wohlfahrtswerk für Baden-Württemberg, hg. von Sabine Holtz, Baden-Baden 2016, S. 70 – 97.

82 Siehe Statuten des Wohltätigkeitsvereins.

83 Zur Entwicklung der Taubstummenanstalt in Gmünd, vgl. HStA E 14 Bü 1551.
Eine genaue Beschreibung der Anlage und des Unterrichts gibt der Blindenpädagoge Johann Georg Knie (1794–1859) in seiner »Pädagogische Reise durch Deutschland im Sommer 1835, auf der ich elf Blinden-, verschiedene Taubstummen-, Armen-, Straf- und Waisenanstalten als Blinder besucht und in den nachfolgenden Blättern beschrieben habe«, Stuttgart

1837, S. 162–172: »(...) Die Gesamtzahl der Zöglinge betrug 40, unter diesen 19 taubstumme Knaben und Jünglinge, 14 Mädchen, 6 blinde Knaben und 1 blindes Mädchen. Die Taubstummen werden in drei Classen unterrichtet, und haben die zweite und dritte ein gemeinschaftliches Lehrzimmer, was bei dem Nichthören dieser Schuljugend ohne gegenseitige Störung möglich ist. Die Tonsprache herrscht hier in und außer den Stunden, auch selbst bei den Gebeten sehr erfreulich vor, wovon ich mich durch mehrfache Unterhaltung mit einzelnen Zöglingen hinreichend überzeugt habe. Alle Kinder verriethen den Geist friedlicher Lebendigkeit und hatten ein frohes, zutrauliches Wesen. (...) Das Gebäude von sieben Fenstern Front begreift ein Parterre und zwei Stockwerke, nebst einem angebauten Flügel. (...) Die Lagerstätten sind Heumatratzen nebst Federkissen für den Kopf, und wollene Teppiche, in ein Leintuch eingeschlagen, als Decke (...). Zu Körperübungen sind in dem Hofe für Taubstumme und Blinde: ein Regg, eine Barre, ein Kletterbalken und eine Schaukel angebracht. Die Kleidung besteht bei den Knaben aus grünem Tuche für den Winter, aus Leinwandhosen und Wämsern für den Sommer; bei den Mädchen aus baumwollenen Zeugen, im Winter ebenfalls aus einer Tuchkleidung. Die Kosten auf Verpflegung und Bekleidung belaufen sich für einen Blinden, wie für einen Taubstummen, jährlich auf 115–120 fl., und es wird von hier aus die Bekleidung der Taubstummen, die sich in der mit dem evangelischen Schullehrerseminar zu Eßlingen verbundenen Tochteranstalt befinden, mit besorgt. (...) Man erkennt hieraus den Geist möglichster Sparsamkeit, der übrigens, so weit ich Kenntniß davon nehmen konnte, in allen Zweigen der würtembergischen Verwaltung vorherrscht, und den ich in ähnlicher Art nur im Weimarschen wieder gefunden habe (...)«.

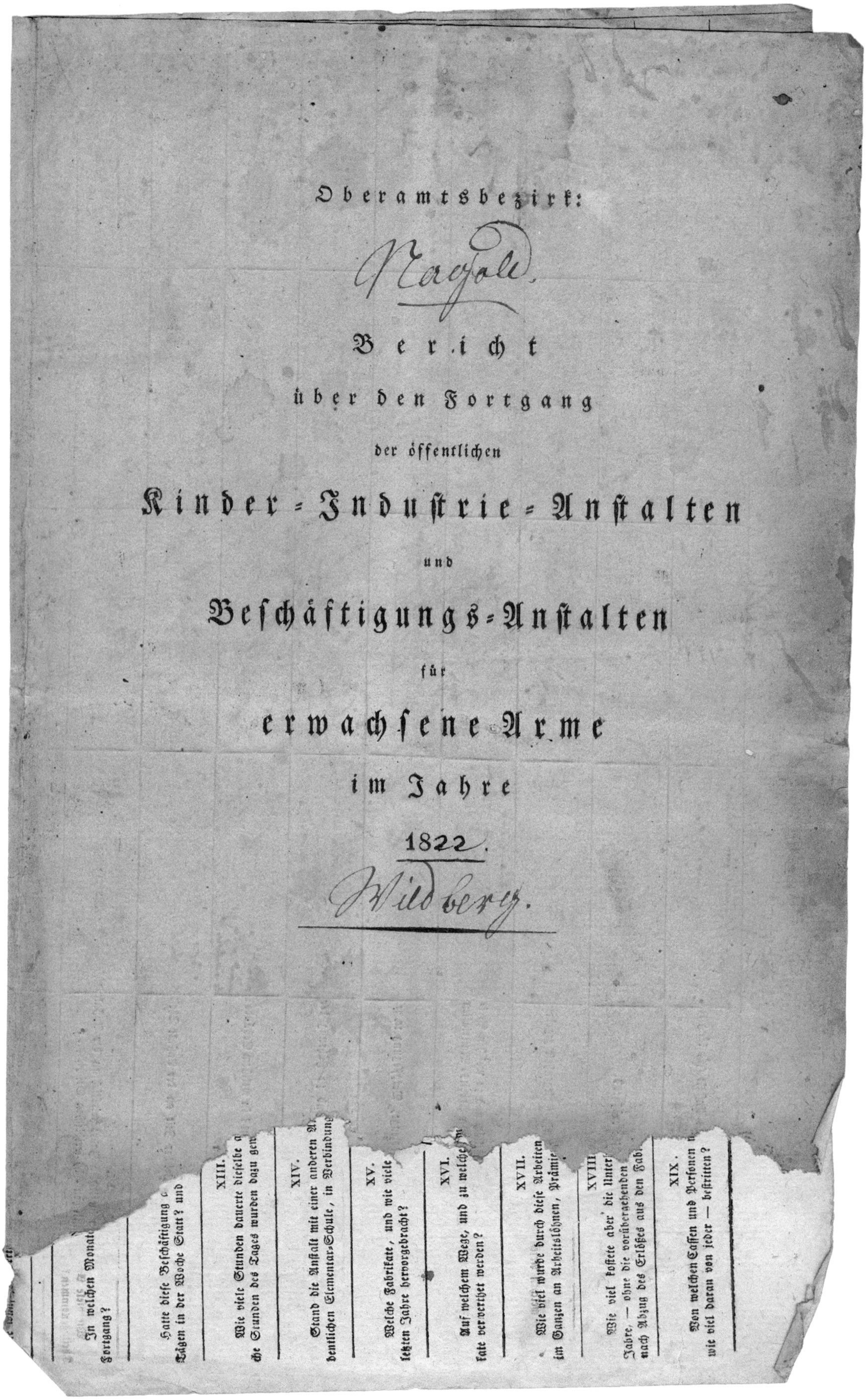

Oberamtsbezirk:

*Nagold.*

Bericht

über den Fortgang

der öffentlichen

Kinder = Industrie = Anstalten

und

Beschäftigungs=Anstalten

für

erwachsene Arme

im Jahre

1822.

*Wildberg.*

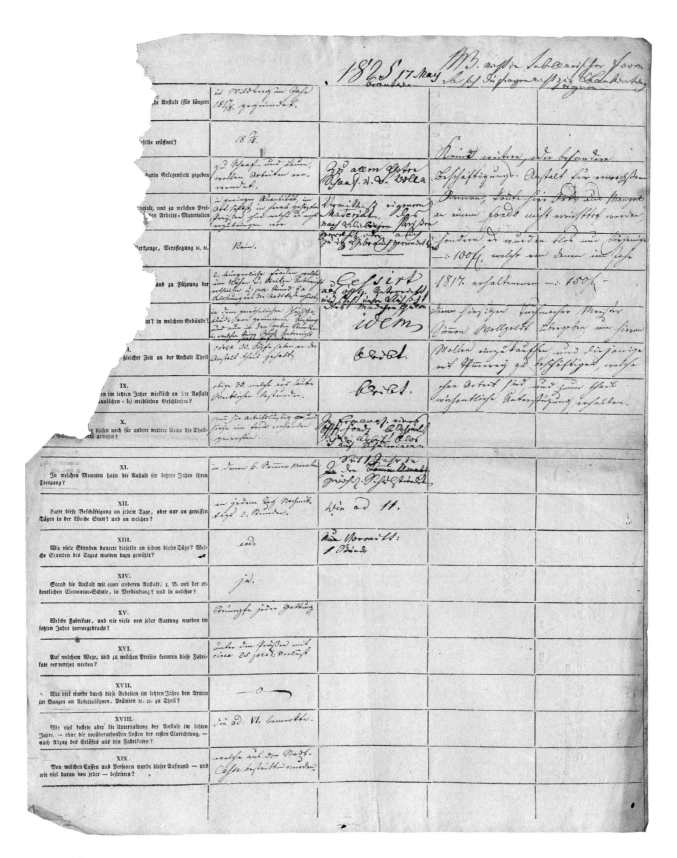

Abb. 31
**Bericht des Oberamtsbezirk Nagold**
über den Fortgang der öffentlichen Kinder-Industrie-Anstalten und Beschäftigungsanstalten
für erwachsene Arme in Wildberg von 1822 anhand der vorgefertigten Formulare
Archivalie HStA A 573 Bü 6874
*Copyright: HStA*

## Beilage Nro. I.

# Fragen-Plan.

**Frage 1.** Wie groß ist die Seelenzahl in jedem Amtsorte, und hienach in dem ganzen Ober-Amt?

**Frage 2.** Wie viele Armen-Familien sind vorhanden? Aus wie vielen Köpfen bestehen solche? Wie viele einzelne nicht geheurathete erwachsene Arme sind vorhanden? Wie viele arme Waisen? Welches ist daher die Zahl der Armen beiderlei Geschlechts in jedem Orte und im ganzen Ober-Amt, und zwar

| Männliche | | Weibliche | |
|---|---|---|---|
| über | unter | über | unter |
| 14 Jahren. | | 14 Jahren. | |

**Frage 3.** Wie groß ist die Zahl der Arbeits-Unfähigen, und zwar

a. der durchaus, und

b. der nur zum Theil unfähigen und noch zu gewißen Arbeiten brauchbaren Armen?

**Frage 4.** Wie viele arbeitsfähige Kinder und Unmündige bis ins 14te Jahr sind vorhanden?

**Frage 5.** Wie viele sind unter den Erwachsenen Fähigen beiderlei Geschlechts Arbeitsscheue, und

**Frage 6.** welche von diesen befinden sich schon in Zwangs-Arbeits-Häusern?

**Frage 7.** Wie viele Arbeits-Freunde, denen es weder an Kraft, noch Lust, sondern nur an Gelegenheit zur Arbeit fehlt?

**Frage 8.** Welches ist diejenige Beschäftigung, die den vorhandenen nur zum Theil, nicht durchaus, arbeitsunfähigen Armen aufgegeben werden kann?

**Frage 9.** Sind keine Privat-Unternehmungen da, von welchen die Unternehmer selbst den Nutzen beziehen, z. B. Fabriken, Spinnereien rc. mittelst welcher den Armen Arbeit und Unterhalt verschafft werden kann?

**Frage 10.** Wann dergleichen vorhanden sind, welches ist ihre Beschaffenheit und ihre Ausdehnung? Wie weit ist bereits mittelst derselben für die Armuth des Orts

2

54

Des Weiteren wurden Taubstummen- und Blindenanstalten in Stuttgart, Esslingen, Nürtingen, Tübingen, Wilhelmsdorf und Ebersberg in den folgenden Jahren weiter ausgebaut[84]. Das Kostgeld für die dort aufgenommenen Kinder wurde hierbei von dem Wohltätigkeitsverein bezahlt, sofern keine anderen städtischen oder kirchlichen Kassen dafür aufkommen konnten[85]. Über den Fortschritt der einzelnen Zöglinge ließ sich die Zentralleitung regelmäßig in Form von Berichten oder nach Visitationen von Mitgliedern des Wohltätigkeitsvereins informieren. Das Augenmerk lag hierbei auf einer sittlichen Entwicklung und einer den Fähigkeiten angepassten Allgemeinbildung, welche die Kinder in die Lage versetzen sollte, ungeachtet aller körperlichen Einschränkungen eine Ausbildung aufzunehmen und ein eigenständiges und selbstfinanziertes Leben zu führen[86].

Das Ziel war, über die Gründung und Unterstützung zahlreicher sozialer Institutionen de facto jede bedürftige Lebenssituation der notleidenden Menschen im Königreich zu verbessern.

84 Vgl. HStA E 14 Bü 1552.
85 Dettinger 2016, S. 73 ff.
86 Ebenda.

Abb. 32
**Auszug des Fragen-Plans der Zentralleitung des Wohltätigkeitsvereins**
an sämtliche Oberamts- und Lokalleitungen zu den dortigen Beschäftigungsanstalten vom 8. Dezember 1818
Archivalie HStA A 573 Bü 6874
*Copyright: HStA*

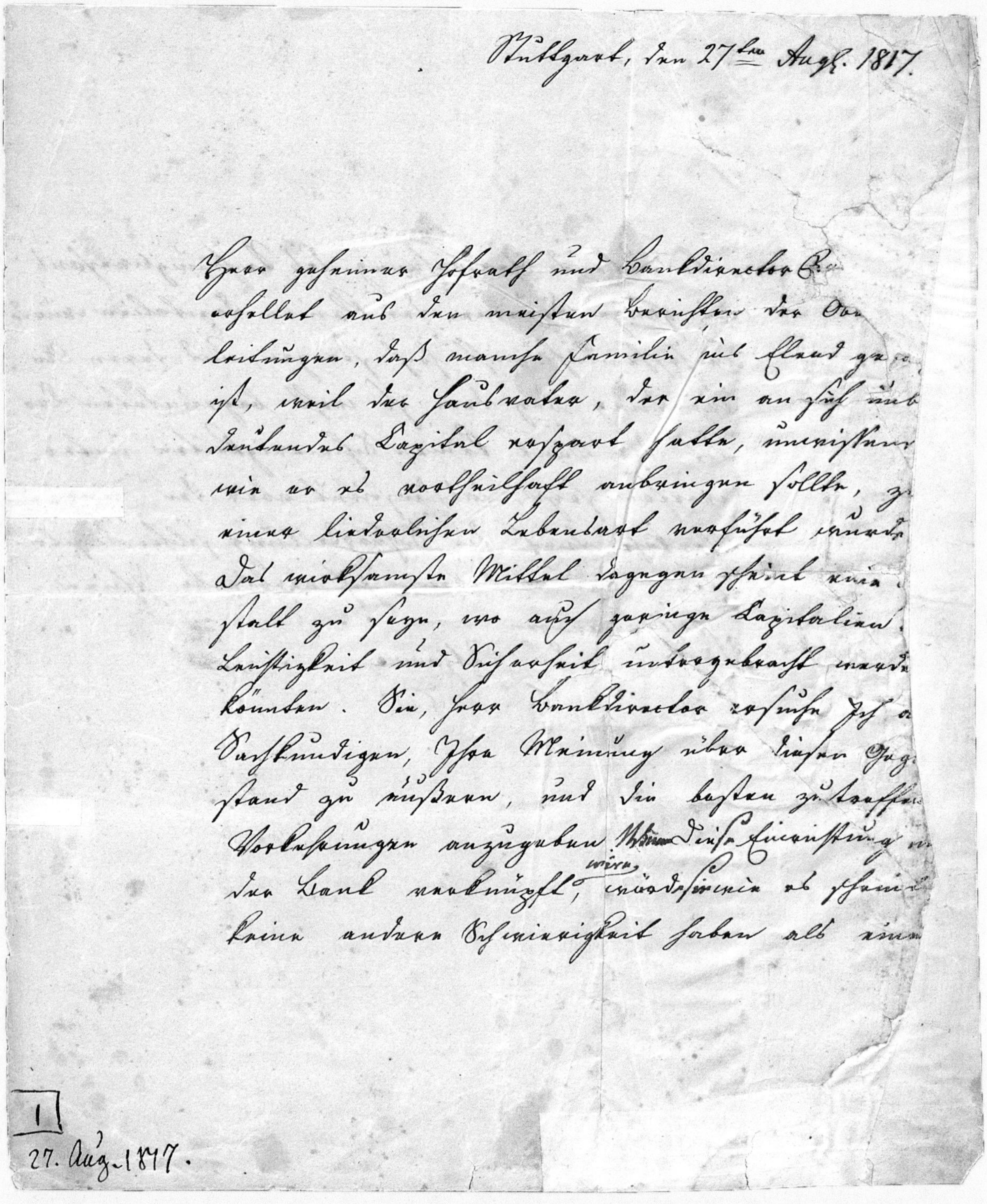
Stuttgart, den 27ten Aug. 1817.

Herr geheimer Hofrath und Bankdirector R.
erhellet aus den meisten Berichten der Ober-
leitungen, daß manche Familie ins Elend geist, weil der Hausvater, der ein an sich nicht
bedeutendes Kapital erspart hatte, unwissend
wie er es vortheilhaft anbringen sollte, zu
einer liederlichen Lebensart verführet wurde.
Das wirksamste Mittel dagegen scheint eine Anstalt zu seyn, wo auch geringe Kapitalien
Leichtigkeit und Sicherheit untergebracht werden
könnten. Sie, Herr Bankdirector ersuche Ich als
Sachkundigen, Ihre Meinung über diesen Gegenstand zu äußern, und die besten zu treffen-
Vorkehrungen anzugeben. Wenn diese Einrichtung mit
der Bank verknüpft wäre, würde sie wie es schein-
keine andere Schwierigkeit haben als eine

1
27. Aug. 1817.

Abb. 33
**Brief Catharinas an den geheimen Rat und Hofbank-Direktor Gottlob Heinrich (von) Rapp**
vom 27. August 1817
Archivalie HStA E 193 Bü 1
*Copyright: HStA*

# DIE SPAR-CASSE

*»...eine Anstalt (...),*
*wo auch geringe Capitalien mit Leichtigkeit und*
*Sicherheit untergebracht werden könnten...«*

Mit der Gründung und dem Ausbau des Wohltätigkeitsvereins und der zahlreichen Beschäftigungsanstalten, sowie aufgrund der Ernte 1817 war die größte Not im Land zunächst überwunden. Der Großteil der Bevölkerung schöpfte Zuversicht. Dennoch bestand die Furcht, dass jederzeit wieder eine Naturkatastrophe o.ä. die Existenz der Bevölkerung gefährden könnte. Bereits im April 1817 hatte in Stuttgart der Geheime Hofrat und Mitglied der Zentralleitung Johann Fridrich Cotta eine »Freiwillige Hülfskasse« initiiert: hierbei wurden unter der Garantie der Königlichen Regierung Darlehen an Oberämter und Gemeinden für Getreide-, Saat- und Viehankäufe gewährt. Dies stellte sich als wirkungsvolle Maßnahme gegen alle Formen des Kreditwuchers heraus. Zur Finanzierung der Darlehen wurden Einlagen mit einer Verzinsung von 5 Prozent von »Vaterlands-Freunden« entgegengenommen[87]. Das Ministerium des Inneren überlegte im August 1817, diese Art von »Hülfskassen« bzw. Leihanstalten im Land weiter auszubauen, schob diesen Plan jedoch zunächst weiter auf[88]. Die Entwicklung der »Hülfskasse« bzw. die Überlegun-

gen zum Ausbau dieser Institution dürfte auch Catharina zur Kenntnis genommen haben, da sie sich ebenfalls im August 1817 mit der Idee einer verbesserten finanziellen Vorsorge der Bevölkerung in zukünftigen Notzeiten beschäftigte. Die Untertanen sollten dazu angehalten werden, ihre erwirtschafteten (Finanz-)Mittel besser anlegen bzw. sparen zu können: *»(...) aus den meisten Berichten der Oberamtsleitungen, daß manche Familie ins Elend geraten ist, weil der Hausvater, der ein an sich unbedeutendes Capital gespart hatte, unwissend wie er es vortheilhaft anbringen sollte, zu einer liederlichen Lebensart verführt wurde. Das wirksamste Mittel dagegen scheint eine Anstalt zu seyn, wo auch geringe Capitalien mit Leichtigkeit und Sicherheit untergebracht werden könnten (...)«*[89] (Abb. 33).

Mit diesen Gedanken wandte sich Königin Catharina im August 1817 an dem damaligen geheimen Rat und Direktor der Hofbank Gottlob Heinrich (von) Rapp (1761–1832) und bat ihn *»(...) als Sachkundiger Ihre Meinung über diesen Gegenstand zu äußern, und die letzten zu treffenden Vorkehrungen anzugeben. Wenn diese Einrichtung mit der Bank verknüpft wäre, würde sie wie es scheint keine*

87 Vgl. Thorsten Proettel: Die Sparkasse und das Jahr ohne Sommer. Durchbruch einer Institution aus Anlass der Krise, in: 1816 – Das Jahr ohne Sommer. Krisenwahrnehmung und Krisenbewältigung im deutschen Südwesten, Stuttgart 2019 (Veröffentlichungen der Kommission für geschichtliche Landeskunde in Baden-Württemberg, Reihe B Forschungen, Band 223), S. 65–82, hier S. 70.

88 Ebenda.
89 Brief Catharinas an den geheimen Rat und Hofbank-Direktor Gottlob Heinrich (von) Rapp vom 27. August 1817, vgl. StAL E 193 Bü 1.

anderen Schwierigkeiten haben als eine unbedeutende Vermehrung des Rechnungswesens. Die ganze Summe der kleinen Capitalien würde wahrscheinlich nicht so hoch steigen, und deren Anwendung bey dem so wohl begründeten Credit der Bank keinen Schwierigkeiten unterworfen seyn (...)«[90].

Rapp antwortete umgehend wie am besten »(...) auch geringe Capitalien, welche in den Händen unwissender oder unanständiger Leute so leicht zersplittert werden, auf eine leichte und sichere Art untergebracht werden können (...)« und lobte »(...) die Allerhöchste Fürsorge Eur. Königliche Majestät, die das Große wie das Einzelne mit gleichen Scharfblick umfaßt (...)«[91]. Um »(...) kleine Ersparniße und die Nothpfennige der ärmeren Classe bis zur Zeit des Bedarfs in sicherer und doch nutztragender Verwahrung zu bringen, auch solche beständig flüssig zu erhalten, so wüsste ich keine Gelegenheit, die mehr Zutrauen verdient und ohne weitläufige Einrichtung und Umstände es besser machen könnte als die Königliche Hof Banque. Ich wage es deßwegen Eur. Königliche Majestät die Dienste dieses Instituts allerunterthänigst anzubieten (...)«[92]. Die Anlage für Kleinersparnisse sollte auf Vorschlag Rapps ab dem ersten Tag der Einlage mit 4 Prozent verzinst werden und jederzeit wieder vom Einleger abhebbar sein. Um auch der Bevölkerung außerhalb der Residenzstadt bzw. auf dem Land die Möglichkeit zum Sparen zu geben, sollte in den jeweiligen Oberamtsleitungen eine vertrauenswürdige Person ausgewählt werden, welche die Ersparnisse von den jeweiligen Lokal- und Distriktsleitungen »(...) gegen einen Interimsschein in Empfang zu nehmen, und mit genauen Listen über die Nahmen der Geber und die Summen an die K. Hof Banque einzusenden hätte (...)«[93]. Die schriftliche Bestätigung über die Einlage des Geldes sollte dann über die Oberamtsleitungen dem Sparer zugestellt werden.

Die Idee zur Gründung eines derartigen Instituts hatte Catharina wohl von ihrem ersten Schwiegervater, dem Herzog Peter Friedrich Ludwig von Oldenburg (1755–1829,) aufgegriffen, der 1786 in Oldenburg die erste »öffentliche Ersparungscasse« gründete, damit »(...) Personen von geringerem Stande und Vermögen (...) die bisher fehlende Gelegenheit erhalten, den kleinen Gewinn, welchen Sie durch Fleiß und Arbeit über ihren nothdürftigen Unterhalt erwerben können, zu künftigen Bedürfnissen sicher aufzubewahren, und ohne Gefahr des Verlustes zinsbar zu nutzen (...)«[94]. Die Oldenburger »Ersparungscasse« stand unter dem »Directorium des Armenwesens«, war »(...) allen und jeden geringen Personen, als unvermögenden Eingesessene (...), Dienstboten, Taglöhner, Handwerksleute, Seefahrende, Soldaten, und dergleichen (...)« zugänglich und verzinste die Einlagen, die pro Halbjahr nicht mehr als 35 Reichstaler betragen durfte, mit 3,5 Prozent. Mögliche Gewinne sollten ausschließlich »(...) zum Besten der Armuth (...)« verwandt werden[95]. Ebenso waren Catharina wohl auch die verschiedenen Arten von Sparkassen in der Schweiz, England und in Göttingen bekannt, die Ende des 18. Jh. bzw. zu Beginn des 19. Jh. gegründet wurden, da sie diese auf ihren Reisen 1814/15 selber gesehen hatte bzw. davon unterrichtet war[96]. Zudem war im badischen Karlsruhe schon im November 1816 das dortige Leihhaus um eine Ersparniskasse erweitert worden, was in Württemberg sicher auch zur Kenntnis genommen wurde[97].

Ihre Idee einer württembergischen Spar-Casse ließ Catharina nicht nur von den Mitgliedern der Zentralleitung Hartmann, Cotta und Rapp prüfen, sondern ließ es auch in der Sitzung der Zentralleitung des Wohltätigkeitsvereins u. a. am 27. Oktober 1817 diskutieren: so wurde die Anzahl der Mitglieder des Vorstands von zunächst vorgeschlagenen 20 Personen auf mindestens acht Personen und einem Vorsitzenden bestimmt, da es bei einer größeren Anzahl von Vorstandsmitgliedern das regelmäßige »(...) Zusammenbringen derselben Schwierigkeiten haben dürfte

90 Ebenda.
91 Brief von Gottlob Heinrich (von) Rapp an Catharina vom 29. August 1817, vgl. StAL E 193 Bü 1.
92 Ebenda.
93 Ebenda.
94 »Verordnung wegen Einrichtung einer Ersparungskasse im Herzogthum Oldenburg« vom 1. August 1786, Abdruck abgelegt in den Unterlagen zum Gerichtsstand und rechtlicher Stellung der württembergischen Sparkasse, StAL E 193 Bü 65.
95 Ebenda.
96 So waren in der Schweiz die Sparkasse in Bern 1787 und in Basel 1792 als »Dienstzinskasse« für Dienstboten gegründet worden, und ab 1805 die Sparkassen in Zürich, St. Gallen, Aarau und Neufchatel. 1814 war in Göttingen die erste kommunale Sparkasse aus der seit 1801 bestehenden Spar- und Leihkasse entstanden. In England und Schottland waren aus der Parish Church bzw. den Parish Banks seit 1810 diverse Sparkassen im ganzen Land hervorgegangen, so dass 1816 bereits 78 Sparkassen existierten. Vgl. Württembergisches Landessparkasse (Hg.): 1818–1869 – 150 Jahre Württembergische Landessparkasse, Stuttgart 1968, S. 23/23; S. 37/38. Vgl. auch: Proettel, 2019, S. 72 ff.
97 Ebenda, S. 78.
98 Sitzungsprotokoll der Zentralleitung des Wohltätigkeitsvereins vom 27. Oktober 1817 in Anwesenheit der Königin, StAL E 191 Bü 21.

(...)«[98]. Eine größere Diskussion löste die Frage aus, in welcher Form bzw. von wem die Spar-Casse getragen und organisiert werden sollte, da einige Mitglieder es nicht für sinnvoll ansahen, dass der Wohltätigkeitsverein sich auch noch darum kümmern sollte: »(...) *Herr v. Georgii tritt diesem Antrag bey, da (...) er immer darauf bestimmen müsse, die Centralleitung nicht damit zu beschäftigen, sondern die ihr aufliegende Oberaufsicht der Staatsbehörde zu überlassen; denn die Centralleitung habe ihre Bestimmung, (in der) Versorgung der Armen durch Beschäftigung und Abwendung des Bettelunfugs (...) Sowie sich die Centralleitung um die Spar-Casse bekümmere, so können noch vieles hergezogen werden, was von Seiten des Staates zur Vorbeugung des Arm-Werdens geschehen sollte. Majora (die Mehrheit) stimmte dagegen, davon ausgehend, daß es gerade Pflicht jeder Stelle, welche in Armensache operire, sey auf Maasregeln zu denken, welche auch der Armuth begegnet werden, denn wie sehr wäre es zu wünschen, daß der Bettelgang aufhörte. Auch bemerkte die Ministerin von Zeppelin, daß die Staatsbehörde wohl keine Zeit und Lust haben möchte, sich mit Maasregeln gegen die Verarmung zu beschäftigen (...)*«[99].

Die Mitglieder der Zentralleitung waren sich zwar somit einig, dass eine Sparkasse ein weiteres sinnvolles Instrument gegen die Armut sein könnte, zweifelten zumindest teilweise jedoch an der Bewältigung der zusätzlichen Aufgabe. Offensichtlich waren die bestehenden Aufgaben des Wohltätigkeitsvereins schon so umfangreich, dass die personellen (ehrenamtlichen) Kapazitäten bereits gut ausgelastet waren. Dennoch trieb Catharina die praktische Organisation der neuen Anstalt persönlich weiter voran und instruierte Geheimrat von Hartmann, den stellvertretenden

Vorsitzenden der Zentralleitung: »(...) *So ersuche Ich Sie (...) die zwölf Vorsteher und die (...) drey Kommissaires (...) zu versammeln, über die Statuten und alle übrigen zu treffenden Vorkehrungen mit ihnen zu beratschlagen und die Resultate Ihrer Verhandlungen mir bald mitzutheilen damit die Eröffnung der Anstalt bis zum 1. Mai dieses Jahres statt haben kann. Ich empfehle Ihnen besonders beym Entwurf der zu erlassenden öffentlichen Bekanntmachung mit aller Sorgfalt und möglichster Umsicht zu verfahren, um Mißverständnissen vorzubeugen und das Publikum in den Stand zu setzen das Wesen und die Zwecke des neuen Instituts einzusehen und gehörig zu würdigen (...)*«[100]. Dieser erste ehrenamtlich tätige, zwölfköpfige Vorstand bestand aus hochrangigen Beamten aus dem Justiz- und Finanzwesen sowie aus Bürgern bzw. Kaufleuten in Stuttgart[101]. Zur Kontrolle wurden zudem aus den Mitgliedern der Zentral-Leitung des Wohltätigkeitsvereins drei Personen ernannt, welche die Verwaltungsarbeit der Spar-Casse als »Commissaires« kontrollierten[102]. Bei Unstimmigkeiten trug die Zentralleitung diese dem König vor, der allein eine Entscheidung hierzu zu fällen hatte[103].

Auch diese drei ausgewählten »Kommissaires« – Hofkammerdirektor von Kohlhaas, Oberrechnungsrat Ludwig und Hofrat Pistorius – aus dem Wohltätigkeitsverein beauftragte Catharina persönlich: »(...) *Sie, werthe Herren, will ich als Commissaires der Centralleitung bei der Spar-Casse hiermit ernannt haben, um die Verbindung zwischen beiden Instituten zu erhalten, und diejenigen Aufträge auszuüben, welche von der Centralleitung in dieser Rücksicht gegeben werden. Ich fordere Sie deswegen auf, jetzt gleich den Beratschlagungen über die Statuten beizuwohnen und überhaupt thätig mitzuwirken (...)*«[104]. Beide Schreiben legte Catharina zur

---

99 Ebenda.

100 Brief Catharinas an Geheimrat Georg August von Hartmann vom 28. Februar 1818, vgl. StAL E 193 Bü 1.

101 Hierzu gehörten 1818: »(...) Oberregierungsrath Waldbauer, Obertribunalrath Haerlin, Oberfinanzrath Hartmann, Oberfinanzrath Späth, Stadtsenator Fischer, Stadtschreiber Hölder, Senator Gutbrod, Geheimer Hof- und Domänenrath Rapp, Hoffactor Pfeiffer jun., Kaufmann Federer, Kaufmann Conradi, Geheimer Hofrath Cottendorf (...)«, diese waren zusammen mit den »Commissarien der Zentralleitung des Wohltätigkeitsvereins« dem »Hofkammerdirector Kohlhaas, dem »Oberrechnungsrath Ludwig« und »Hofrath Pistorius« am 5. März 1818 von Catharina ins Neue Schloss eingeladen worden, da »(...) Allerhöchstdieselbe sich mit Ihnen zu besprechen wünschen (...)«, vgl. Brief des Privatsekretärs von Catharina, Kollegialrath von Buschmann, an die genannten Personen vom 4. März 1818 StAL 193 E 854. Auch ein undatierter Notizzettel, worauf Catharina eigenhändig mit Bleistift die Namen der möglichen Kandidaten notierte, hat sich

erhalten, vgl. StAL E 193 Bü 2. 1836 gehörten zum Vorstand »(...) Kaufmann Conradi, Finanzrath Federer, Obertribunalrath v. Feuerlein, Stadtschultheiß Gutbrod, Kaufmann Haneisen, Gerichtsnotar Hoelder, Obersteuerrath v. Mair, Commerzienrath Pfeiffer, Ständischer Abgeordneter von Rauter, Director v. Wachter, Ober(...)rath v. Steudel, Kaufmann Woelfing (...)«. Der Vorstand schlug jährlich drei Männer aus ihrer Runde vor, von denen der König dann den jeweiligen jährlichen Vorstand bestimmte, vgl. HStA E 14 Bü 1215. »Grundbestimmung der württembergischen Spar-Casse« § 14 vom 17. September 1831.

102 »Grundbestimmung der württembergischen Spar-Casse – Bekanntmachung des K. Ministeriums« § 31 vom 17. September 1831, StAL E 193 Bü 1.

103 Ebenda, § 53 und § 54.

104 Brief Catharinas Hofkammerdirektor von Kohlhaas, Oberrechnungsrat Ludwig und Hofrat Pistorius vom 28. Februar 1818, vgl. StAL E 193 Bü 1.

Information auch der gesamten Zentralleitung des Wohltätigkeitsvereins vor und forderte diese auf, »(...) *alle Ihre Kräfte anzuwenden, im Einzelnen wie im Allgemeinen, um den Geist der Anstalt zu erläutern, damit kein Mißverständniß das Gelingen der Unternehmung störe (...)*«[105]. Auch die Ernennung in den Kreis des Spar-Cassen-Vorstandes ließ Catharina den betreffenden Personen durch ein persönliches Schreiben zukommen: »(...) *Es ist Mir bekannt, daß Sie durch Ihre Kenntniße sowohl als durch Ihren Eifer für das Beste des Landes sich vorzüglich eignen einer der Vorsteher dieses Instituts zu seyn, weshalb Ich Sie mit Genehmigung des Königs dazu ernenne. Ich hoffe Sie werden es als einen Beweis meiner persönlichen Achtung betrachten, und durch Annahme des Antrags Meiner Erwartung entsprechen (...)*«[106]. Die so Ausgewählten hatten angesichts des in ihnen gesetzten königlichen Vertrauens kaum eine Möglichkeit, ein derartiges Angebot zur ehrenamtlichen Mitarbeit an der Spar-Casse abzulehnen. Zudem waren auch noch ein »bezahlter Cassier und Buchhalter«, ein »Cassier-Gehilfe« und ein »rechnungsverständiger Revident« zur Bearbeitung der einzelnen Rechnungen und ein »rechtlicher Mann« für die praktische Abwicklung der Spareinlagen zuständig[107].

König Wilhelm I. verfügte am 27. Februar 1818 an den Wohltätigkeitsverein: »(...) *in Betreff Ihrer Bitte wegen Einrichtung einer Spar-Casse zum Besten der ärmeren Volks-Classe (...) gebe ich derselben zu erkennen, daß ich mit den darin gemachten weiteren Anträgen über diesen Gegenstand einverstanden bin, und hiernach die Central-Leitung ermächtigt haben will, nunmehr wegen Einrichtung dieser Spar-Casse (...) angetragen und von mir genehmigten Modificationen, das Nöthigste zu veranlassen*

(...)*«[108] (Abb. 34). Die württembergische Spar-Casse wurde dann am 12. Mai 1818 mit einer öffentlichen Bekanntmachung eröffnet: die Anstalt wurden von dem königlichen Paar mit einem Grundstock von 4.000 Gulden ausgestattet und unter der Oberaufsicht der Zentralleitung des Wohltätigkeitsvereins sowie dem »besonderen Schutz Seiner Königlichen Majestät« gestellt[109]. Zudem erhielt die Spar-Casse Portofreiheit für die Versendung von Einlagen und Korrespondenzen, sowie die Befreiung von der Kapitalsteuer[110]. Im »Königlich-Württembergischen Staats- und Regierungsblatt« vom 21. Mai 1818 wurde die Öffentlichkeit darüber unterrichtet[111] (Abb. 35).

Die Nutzung der Spar-Casse stand jedem offen, der »*zu der dienenden oder ärmeren Volksklasse gehört*«[112], wobei »*das gemeine Volk zum Fleiß und zur Sparsamkeit zu ermuntern*« sei. Bei einem jährlichen Zinssatz von 5 Prozent konnten Guthaben immer im vollen Gulden-Betrag ab 1 Gulden bis 100 Gulden angelegt werden; was darüber lag wurde mit niedrigeren Zinsen von 4 Prozent vergütet[113]. Bei den Guthaben musste es sich um Ersparnisse oder Geschenke handeln, Erbschaften konnten nur bis 50 Gulden angelegt werden; Gelder aus staatlicher Unterstützung waren ausgeschlossen[114]. Sofern der Jahreszins drei Jahre lang nicht abgehoben wurde, wurde dieser dem Sparkapital zugeschlagen und ebenfalls mit dem vollen Zinssatz verzinst. Nach einer 14-tägigen Kündigungsfrist konnte das Sparguthaben vollständig oder teilweise abgehoben werden. Im Falle eines Missbrauchs des Sparguthabens, d. h. wenn »*(...) der Name einer Person, welche zur Theilnahme an der Anstalt berechtigt gewesen wäre, von einem dritten Nichtberechtigten mißbraucht*

105  Brief Catharinas an die Zentralleitung des Wohltätigkeitsvereins vom 28. Februar 1818, vgl. StAL E 193 Bü 1.
106  Brief Catharinas in »Blanko-Form« (»Herr N.N.!«) vom 28. Februar 1818, vgl. StAL E 193 Bü 1.
107  Zu allen weiteren Details der Organisation und des Ablaufs der täglichen Bankgeschäfte vgl. Württembergische Landessparkasse (Hg.), 1968, S.40 ff.
108  Dekret des Königs Wilhelm I. an den Wohltätigkeitsverein vom 27. Februar 1818, vgl. StAL E 193 Bü 1.
109  Alle Angaben zur Spar-Casse aus: » Übersicht der in der Haupt-Stadt Stuttgart betreffenden Wohltätigkeits-Anstalten« im Jahr 1836, vgl. HStA E 14 Bü 1215. »Grundbestimmung der württembergischen Spar-Casse« vom 17. September 1831, vgl. StAL E 193 Bü 1.
110  Dekret von Wilhelm I. zur Befreiung der Aktivfonds von der Kapitalsteuer vom 14. Februar 1820, vgl. HStA E 146 Bü 9187.
111  Vgl. HStA E 33 859.
112  Zu dieser »Volksklasse gehörten u. a. »(...) nicht nur die Dienstboten jeder Art, sondern auch die in täglichen Sold stehenden Militär-Personen; diejenigen, die um Tag- oder Wochenlohn arbeiten; solche, die überhaupt zu niederen

Diensten angestellt sind, oder durch geringe Handarbeit sich ernähren, Kinder solcher Personen oder Waisen, die von dem Ertrage ihres Vermögens erzogen werden können, so wie überhaupt alle, die mehr oder weniger Unterstützung aus öffentlichen Cassen genießen (...)«, vgl. »Grundbestimmung der württembergischen Spar-Casse – Bekanntmachung des K. Ministeriums« § 3 vom 17. September 1831, StAL E 193 Bü 1.
113  Personen, die nicht zur »ärmeren Volklasse« gehörten, durften keine Guthaben in der öffentlichen Spar-Casse anlegen, da diese mit dem günstigen Zinssatz ausschließlich der bedürftigen Bevölkerungsschicht vorbehalten bleiben sollte, Guthaben über 50 Gulden wurden mit 4 Prozent verzinst. Alle übrigen Sparer sollten ihr Guthaben in der bestehenden »K. Hof Banque« oder im seit 1828 bestehenden »Privat-Spar-Verein« anlegen, vgl. » Übersicht der in der Haupt-Stadt Stuttgart betreffenden Wohltätigkeits-Anstalten« im Jahr 1836, vgl. HStA E 14 Bü 1215.
114  »Grundbestimmung der württembergischen Spar-Casse – Bekanntmachung des K. Ministeriums« § 4 vom 17. September 1831, StAL E 193 Bü 1.

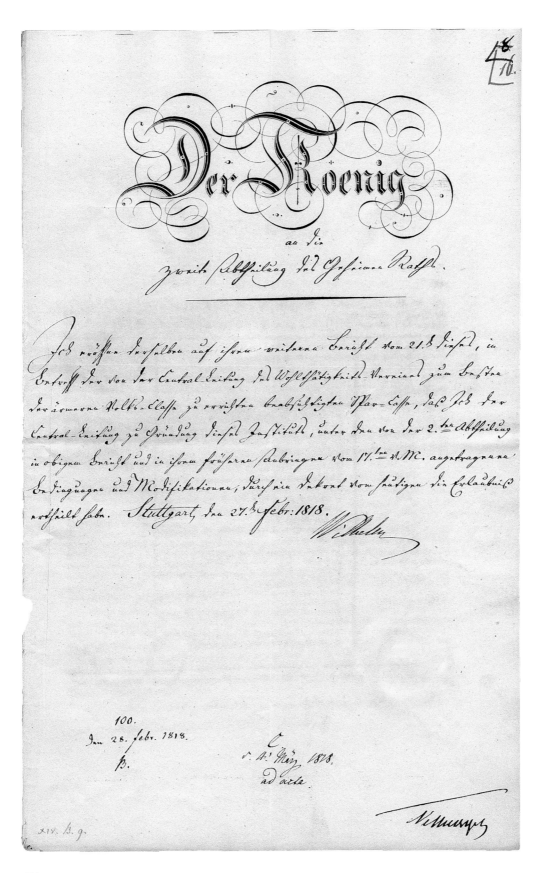

Abb. 34
**Dekret von König Wilhelm I. an den Wohltätigkeitsverein**
bezüglich der Genehmigung zur Errichtung einer Spar-Casse vom 27. Februar 1818
Archivalie StAL E 193 Bü 1
*Copyright: StAL*

# Königlich=Württembergisches
# Staats- und Regierungs-Blatt.

### Donnerstag, 21. Mai.

#### Errichtung einer Spar-Casse im Königreiche Württemberg.

Es ist eine allgemeine Erfahrung, daß manche Armen nur deswegen immer arm bleiben, weil sie das Wenige, was sie besitzen, nicht zu Rath zu halten wissen, und daß kleine Einnahmen leichter verschleudert werden, wenn man keinen bestimmten Zweck dafür hat, ja, daß mancher brave der sparsame Arme oft nur darum nicht in bessere Umstände kömmt, weil er es nicht versteht, seine Ersparnisse klug und nützlich zu verwalten.

Diese Fälle sind in jedem Staate so häufig, und ihrer Folgen wegen so wichtig, daß man wohl sagen kann: es geht alljährlich in lauter kleinen — nicht beachteten Summen der Armuth manches Capital sammt Zinsen verloren; und die daraus entspringenden Entbehrungen wachsen so in's Große, daß sie weder durch die Anstrengungen der Vermöglichen, noch durch die Hülfe wohlthätiger Anstalten ganz wieder vergütet werden können.

Es ist deswegen für jeden gutdenkenden Menschen Pflicht, seinen ärmeren Mitbürger nicht nur aufmerksam hierauf zu machen, sondern auch ihn zu berathen, wie er seine kleinen Ersparnisse zusammenhalten und auf eine rechtmäßige Weise vermehren könne.

Weil aber auch der beste Rath nicht immer richtig gefaßt und befolgt, und selten die Mühe der Verwaltung für den Einzelnen von Verständigeren übernommen wird; so haben sich an mehreren Orten Gesellschaften gebildet, welche die kleinen Spar-Pfenninge der ärmeren Volks-Classe von gewissen Districten oder einem ganzen Lande sammeln, solche unentgeldlich und sicher umtreiben, zur Zeit des Bedürfnisses aber wieder mit Zinsen an die Eigenthümer zurückgeben. Wie viel Gutes eine solche

---

Abb. 36
Friedrich Keller:
**Neues Canzeley-Gebäude Stuttgart**
**(Königstrasse)**
1845
Im früheren dortigen sogenannten Stockgebäude waren
die ersten Räume der Sparkasse untergebracht
Landesmedienzentrum (LMZ) Stuttgart
*Copyright: LMZ*

*worden sey (...)*«[115] und damit das Guthaben abgezogen wurde, wurde das Sparguthaben abzüg-
lich der bestehenden und ausgezahlten Zinsen
dennoch nochmals an den berechtigten Sparer
ausbezahlt[116]. Um auch den Sparern außerhalb
von Stuttgart die Möglichkeit zu geben, die Spar-
Casse zu nutzen, wurde in jedem Oberamt ein
Mitglied der dortigen Oberamtsleitung des Wohltätigkeitsvereins bestimmt, welches die Sparguthaben der dortigen Personen entgegennahm
und zur Spar-Casse nach Stuttgart transferierte
und ebenso Auszahlungen den Sparern wieder
zurückbrachte[117]. Anlässlich der Eröffnung hatte
Catharina im Juni 1818 zudem vier bedürftigen
Jungen und sechs bedürftigen Mädchen der Kinder-Beschäftigungsanstalt ein Geldgeschenk zwi-

schen fünf und fünfundzwanzig Gulden gemacht,
das bis zu deren Volljährigkeit oder Verheiratung
in der Spar-Casse angelegt wurde[118] (Abb. 37).

Erst ab 1825 wurde der Zinssatz auf 4,5 Prozent, und ab 1828 auf 4 Prozent gesenkt, was den

115  Ebenda.
116  Vgl. »Grundbestimmung der württembergischen Spar-
Casse – Bekanntmachung des K. Ministeriums« § 10 vom 17.
September 1831, StAL E 193 Bü 1.
117  »Grundbestimmung der württembergischen Spar-Casse –
Bekanntmachung des K. Ministeriums« § 27 vom 17. Sep-

tember 1831, StAL E 193 Bü 1. Vgl. auch: Württembergische
Landesparkasse (Hg.): 1818–1968 – 150 Jahre Württembergische Landesparkasse, Stuttgart 1968, S. 33.
118  Vgl. Dankesschreiben der bedachten Kinder und des Vorstehers der Kinderbeschäftigungsanstalt Pistorius vom 18.
Juni 1818, StAL E 193 Bü 854.

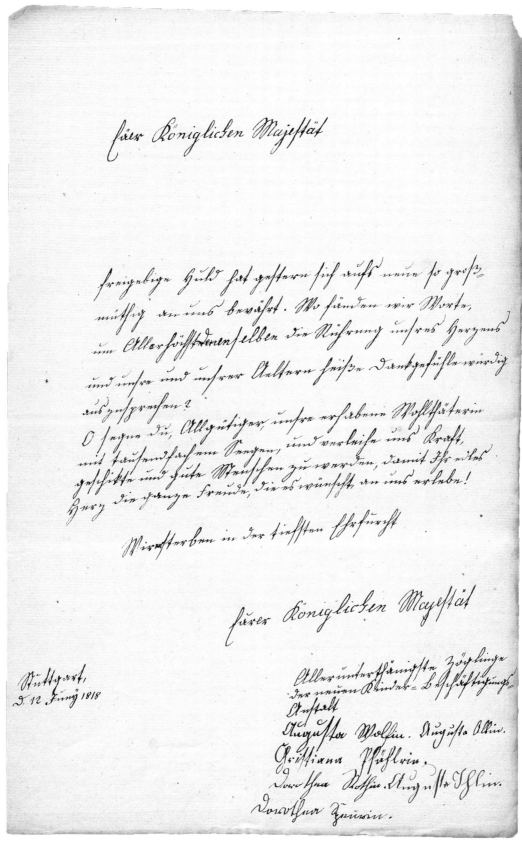

Abb. 37

**Dankesschreiben an Catharina**

der mit Geldeinlagen in der Spar-Casse bedachten Mädchen der Kinderbeschäftigungsanstalt vom 18. Juni 1818

Archivalie StAL E 193 Bü 854

*Copyright: StAL*

Kapital-Einlagen jedoch keinen Abbruch tat: Das angelegte Sparguthaben inklusive Zinsen betrug Ende 1818 schon 33.644 Gulden[119],1835 bereits 1,3 Millionen Gulden und 1871 waren Einlagen in Höhe von 33,5 Millionen Gulden vorhanden[120]. Auch in Krisenzeiten wie der Märzrevolution 1848 mit einer vorhergegangenen Missernte sowie dem Preußisch-Österreichischen Krieg 1866 und dem Deutsch-Französischen Krieg 1870/71, in denen Württemberg jeweils mit hineingezogen wurde und deren Auswirkungen die gesamte Bevölkerung betrafen, konnte das Vertrauen in die Spar-Casse nicht erschüttert werden. So auch nach Ende des Deutsch-Französischen Kriegs: »(...) Der Krieg ist nicht spurlos an der Anstalt vorübergegangen: als er entschieden war, wurde die Casse sehr stark in Anspruch genommen – sie hatte in den ersten 14 Tagen der ängstlichen Stimmung etwa 200.000 Gulden auszuzahlen. Die Kasse war in der Lage allen Anforderungen zu entsprechen (...). Man verlangte auch nur Geld für Nothfälle, meist nicht einmal die ganzen Ersparnisse, sondern nur ein Theil derselben. Durch Staatsgarantie und durch die Grösse des Reserve-Fonds gewährt die Anstalt eine absolute Sicherheit. Daher auch das unbedingte Vertrauen des Volkes, der sich in der Thatsache ausdrückt, daß auch während des Krieges die Einlagen nie aufhörten (...)«[121]. Es wurden monatlich genaue Schlussrechnungen mit allen Spareinlagen, Zinsen und Ausgaben etc. angelegt, die der Zentralleitung des Wohltätigkeitsvereins und dem Königspaar vorgelegt wurden[122]. Auch über die einzelnen Sparer wurden tagesgenaue Listen geführt. So hatten zum Beispiel am 14. Juni 1818 insgesamt 16 Personen Spar-Einlagen in Höhe von

bis zu 50 Gulden in die Spar-Casse eingebracht[123] (Abb. 38). Der aktuelle Stand der Einlagen und Auszahlungen wurde zudem im jährlichen Rechenschaftsbericht des Wohltätigkeitsvereins veröffentlicht. Die Sparkasse war zunächst im alten Stockgebäude auf der Königsstraße untergebracht worden. Da die Räumlichkeiten aber nicht auf Dauer geeignet waren, wurden drei Monate später Räume im Erdgeschoss des Kameralamts in der Lindenstraße bezogen[124] (Abb. 36).

Die Württembergische Spar-Casse wurde bis 1855 von den ehrenamtlichen Vorstehern und dem einzigen hauptberuflichen Beamten, dem Cassierer – der für die Einnahme und Ausgabe der Gelder und die Buchführung und Korrespondenz zuständig war – geleitet und war nur dem genannten Personenkreis für Spareinlagen vorbehalten. Ab 1855 wurde die Anstalt stetig ausgebaut, zunehmend einem erweiterten Sparer-Kreis zugänglich gemacht und personell u. a. mit einer wachsenden Zahl von Buchhaltern als Kassengehilfen und Rechtsbeamten sowie einem erweiterten Vorstand von sechzehn Personen versehen. In den folgenden Jahren wurde die Sparkasse weiter ausgebaut, sodass um die Jahrhundertwende bereits 38 Hofbeamte in der seit 1912 in »Württembergische Sparkasse« (Landessparkasse) und ab 1920 in »Württembergische Landessparkasse« umbenannten Anstalt tätig waren[125].

Eine Nachahmung der Spar-Casse fand sich bereits 1821 in Weimar, wo Catharinas Schwester Maria Pawlowna als verheiratete Erbprinzessin von Sachsen-Weimar residierte und die Idee zur Gründung eines Sparkassenvereins erfolgreich aufnahm[126]. Auch die »Gesellschaft zur Beförde-

119 »Summarische Übersicht, der bey der Württembergischen Spar-Casse seit ihrer Entstehung nemlich vom 2. Juny bis Ultimo November 1818 eingegangen Gelder« vom 6. Dezember 1818, StAL E 193 Bü 2.
120 Vgl. Herkle, 2016, S. 21.
    Friedrich Bohnert/Georg Wochner, 1871, S. 78/79.
121 Bohnert/Wochner, 1871, S.79.
122 Ein umfangreicher Bestand dieser sehr detailreichen monatlichen Abrechnungen findet sich unter StAL E 193 Bü 2 und ebenso unter HStA E 14 Bü 1212.
123 Die durchschnittliche Spar-Summe lag bei ca. 25 Gulden und die Sparer – zu gleichen Teilen Männer und Frauen – waren Dienstboten oder aus dem niedrigen Militär oder es wurden Einlagen für die eigenen Kinder angelegt. So legte zum Beispiel ein »Benjamin Müller in Eßlingen für seine 3 Kinder Christian, Luise und Lisette« einen Gulden an; es gab auch größere Einlagen, die dann jedoch nur zu 4 Prozent verzinst wurden, so ein »Rechnungsrath Rothe dahier (Stuttgart)« mit seiner Einlage von 600 Gulden, vgl. StAL E 193 Bü 2.
124 Die Räume im alten Stockgebäude auf der Königstrasse 44/Ecke Kronprinzenstrasse waren trotz täglichem Heizen zu kalt und feucht, sodass einige Monate später zunächst einige Zimmer im Kameralamt in der Lindenstraße für die Sparkasse zur Verfügung gestellt wurden. 1839 konnte dann das eigens erbaute Gebäude in der Sophienstraße bezogen werden, ehe die Sparkasse ab 1867 im Haus an der Ecke Alleenplatz/Kanzleistraße 38 residierte, das in den folgenden Jahren weiter ausgebaut wurde. Vgl. Brief August Hartmanns vom 27. Mai 1818, StAL E 193 Bü 854; Brief König Wilhelms I. zur Erlaubnis der Erwerbung bzw. Erbauung eines eigenen Gebäudes durch den Wohltätigkeitsverein vom 14. August 1837 und vom 27. April 1838, StAL E 193 Bü 66, worin er anordnete, dass das Gebäude nicht mehr als 20.000 Gulden kosten dürfe und die größtmögliche Sicherheit in seiner »Örtlichkeit und Einrichtung« aufweisen müsse. Württembergische Landessparkasse (Hg.), 1968, S. 64.
125 Vgl. Württembergische Landessparkasse (Hg.), 1968, S. 45/46 ff. dort auch alle weiteren Details zur Entwicklung der Sparkasse bis 1968.

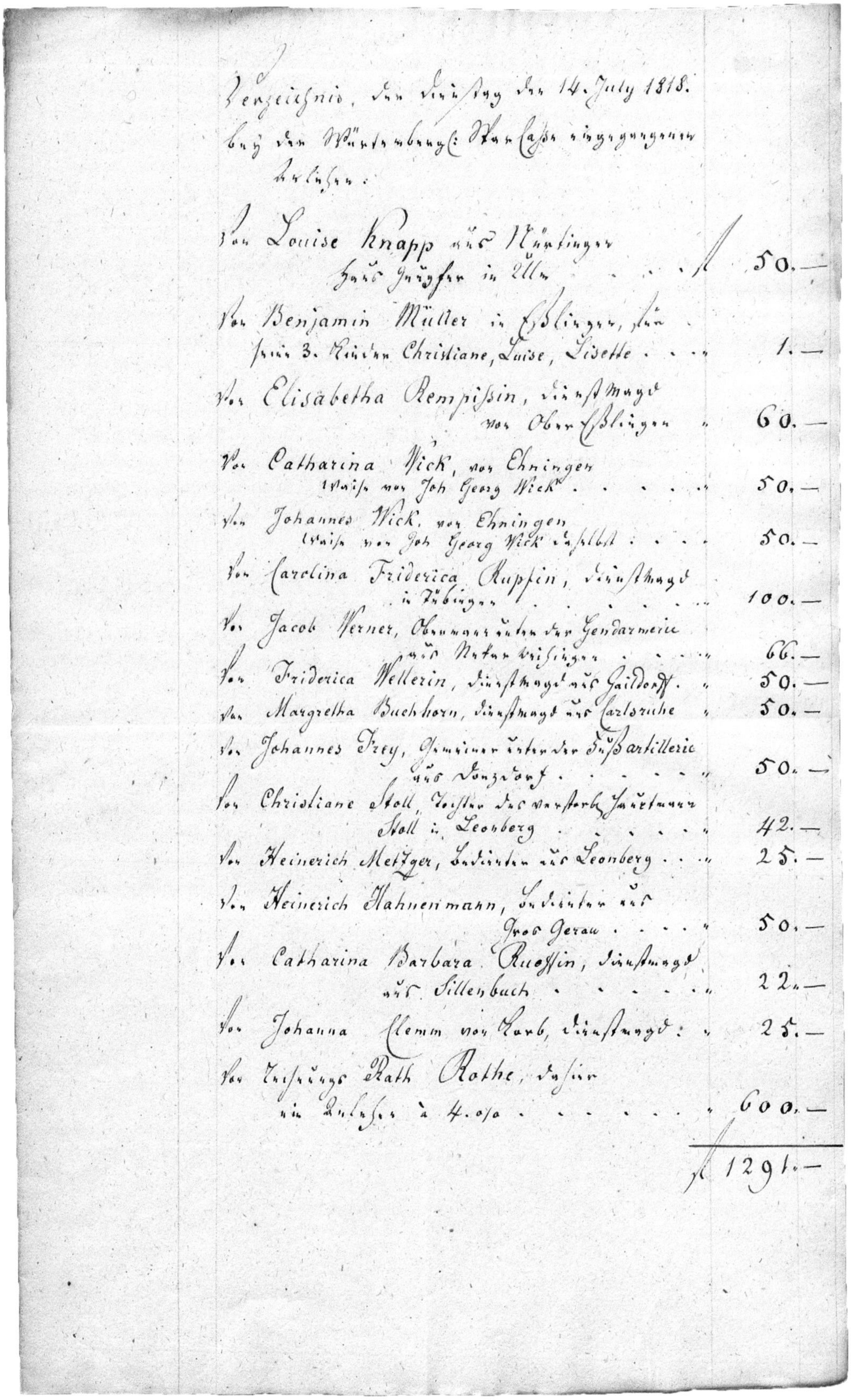

Verzeichnis, der Einlage der 14. July 1818.
bey der Württembergischen Spar-Casse eingegangenen
Darlehen:

| | | |
|---|---|---|
| Von Louise Knapp aus Nürtingen Haus Tochter in Ulm | fl | 50.— |
| Von Benjamin Müller in Eßlingen, für seine 3 Kinder Christiane, Luise, Lisette | „ | 1.— |
| Von Elisabetha Rempißin, Dienstmagd von Ober Eßlingen | „ | 60.— |
| Von Catharina Wick, von Ehningen Weib von Joh Georg Wick | „ | 50.— |
| Von Johannes Wick, von Ehningen Weib von Joh Georg Wick selbst | „ | 50.— |
| Von Carolina Friderica Rupßin, Dienstmagd in Tübingen | „ | 100.— |
| Von Jacob Werner, Obermann bei der Gendarmerie aus Unterweißingen | „ | 66.— |
| Von Friderica Wellerin, Dienstmagd aus Gaildorf | „ | 50.— |
| Von Margretha Buchhorn, Dienstmagd aus Carlsruhe | „ | 50.— |
| Von Johannes Frey, Gemeiner bei der Fußartillerie aus Sonzdorf | „ | 50.— |
| Von Christiane Stoll Tochter des verstorb. Kirchner Stoll in Leonberg | „ | 42.— |
| Von Heinerich Metzger, Schüler aus Leonberg | „ | 25.— |
| Von Heinerich Hahnemann, Schüler aus Groß Gerau | „ | 50.— |
| Von Catharina Barbara Rueßin, Dienstmagd aus Sillenbuch | „ | 22.— |
| Von Johanna Klemm von Karb, Dienstmagd | „ | 25.— |
| Von Rechnungs Rath Rothe, dafür ein Darlehen à 4. % | „ | 600.— |
| | fl | 1291.— |

Abb. 38
**Übersicht der Spareinlagen**
vom 14. Juli 1818 mit Angabe der einzelnen Sparer
Archivalie StAL E 193 Bü 2
*Copyright: StAL*

rung der vaterländischen Industrie in Nürnberg« wandte sich bereits im April 1819 an die Zentralleitung des Wohltätigkeitsvereins und bat um Statuten und Informationen zur Errichtung der württembergischen Spar-Casse, da eine vergleichbare Anstalt auch in Nürnberg errichtet werden sollte[127]. Zeitgleich mit der Stuttgarter Spar-Casse entstanden 1818 auch entsprechende Institutionen in Paris und Berlin, deren Vorbilder aber wohl auf die Sparkassen in England und der Schweiz zurückgingen[128]. Ebenso entstanden in Ravensburg 1822, in Tettnang 1824 und Wangen 1827 die ersten weiteren Sparkassen in Württemberg[129]. Mit der Gründung der Stuttgarter Anstalt war somit der Grundstein für die Entwicklung eines landesweiten Netzes von Sparkassen im württembergischen Königreich gelegt worden,

das auch nach Ende der Monarchie weiter Bestand haben sollte und noch heute in der LBBW-Bank fortbesteht.

Erstaunliche Parallelen eröffnen sich mit der Gründung des deutschen Genossenschaftswesens im Jahre 1854 durch Friedrich Wilhelm Raiffeisen (»Was einer allein nicht schafft, das schaffen viele«) in Heddesdorf/Rheinpfalz. Auch diese Einrichtung wurde in der Folge des Ausbruchs von Vulkanen (Fonualei im heutigen Inselstaat Tonga und Merapi in Indonesien im Jahre 1846) geschaffen, nachdem es durch den monatelangen Ascheausstoß auch in Mitteleuropa zu erheblichen Ernteausfällen gekommen war. Bemerkenswert ist zudem, dass die Vorfahren von Friedrich Wilhelm Raiffeisen ihre Wurzeln in Ravensburg und Schwäbisch Hall hatten[130].

126 Maria Pawlowna hatte zunächst jedoch Probleme, Anhänger für ihre Idee einer Sparkasse mit verzinsten Klein-Guthaben zu finden, und erst mit ihrer Spende von 500 Reichstalern als Kapitalien-Grundstock konnte am 16. Februar 1821 die erste Sparkasse in Thüringen eröffnet werden, welche bis 1859 zu einem größeren Filialen-Netz ausgebaut wurde. Einen Teil des Gewinns wurde auf Befehl Maria Pawlowna wieder in gemeinnützige Projekte investiert, vgl. Ausst.-Kat. Maria Pawlowna, 2004, S. 109.

127 Schreiben der »Gesellschaft zur Beförderung der vaterländischen Industrie in Nürnberg« an die Zentralleitung des Wohltätigkeitsvereins in Stuttgart vom 6. April 1819 mit der Bitte um die Zusendung von Informationen zur württembergischen Spar-Casse. Diesem Wunsch entsprach der Wohltätigkeitsverein umgehend, vgl. StAL E 193 Bü 1.

128 Vgl. Proettel, 2019, S. 78.

129 Ebenda.

130 Michael Klein: Friedrich Wilhelm Raiffeisen – Christ, Reformer, Visionär, Stuttgart 2018.

# CATHARINENSTIFT UND CATHARINENSCHULE

*»...ohne welche es nicht möglich wäre, allen Classen der hiesigen weiblichen Jugend eine ihrem Stande gemäße Erziehung angedeihen zu lassen...«*

Am 21. Mai 1818 legte Catharina offiziell einen Entwurf für die Errichtung einer »Erziehungsanstalt« vor: »(...) *Eure Majestät Willen gemäß, habe ich es mir zur Pflicht gemacht, mich mit der Gründung eines Instituts zur Vervollkommnung der Erziehung der hiesigen weiblichen Jugend aus den gebildeten Ständen zu beschäftigen. In dieser Beziehung übereiche ich Euer Majestät in den Anlagen den Entwurf eines Plans zur Begründung einer beßeren Erziehungsanstalt nebst Vorschlägen zu Verschmelzung der jetzt bestehenden hiesigen weiblichen Institute, auch einige Grundzüge zu Errichtung einer verbeßerten und erweiterten Mittelschule, ohne welche zwischen den Schulen für Töchter der niederen und dem zu begründenden Institut für Töchter der höheren Stände eine Lücke stattfinden würde, und es daher nicht möglich wäre, allen Classen der hiesigen weiblichen Jugend eine ihrem Stande gemäße Erziehung angedeihen zu lassen. Dem Ministerium des Inneren und des Kirchen- und Schulwesens habe ich diesen Entwurf gleichfalls mitgetheilt. Die Tochter des Oberconsistorialrathes v. Bär wird die Erziehung besorgen, und zur Leitung des in der Anstalt zu ertheilenden Unterrichts scheint mir der Schul-Inspektor Zoller am geeignetsten zu seyn. In primärer Hinsicht gedenke ich keine anderen Ansprüche zu machen, als den bis jetzt beyden weiblichen Instituten zugeflossenen Summen zusammen, ungefähr zweytausend Gulden jährlich. Indem ich mir Euer Majestät ferneren Willensanzeigung in dieser Sache erbitte, beharre ich, Euer Majestät, treu ergeben Catharina (...)*«[131] (Abb. 39/40).

Catharina kam hierbei offiziell einem Wunsch von Wilhelm I. nach, der eine Verbesserung der Lehranstalten wünschte: »(...) *seit dem Antritte Meiner Regierung war die Verbesserung der Unterrichts- und Erziehungsanstalten mir Meine wichtigsten Angelegenheiten, weil ich wohl weiß, daß diese das vorzüglichste Mittel sind, eine wahre Volksaufklärung zu bezwecken und die künftigen Generationen für den herrschenden Zeitgeist zu bilden. Es ist Mir daher auch nicht entgangen, daß für die Töchter der gebildeten Stände in dieser Rücksicht bisher nicht hinreichend gesorgt worden ist, da die seither hier bestehenden weiblichen Institute das gefühlte Bedürfniß in manchen Beziehungen nur mangelhaft befriedigten. Ich fand mich deswegen bewogen, die Königin Meine Gemahlin zur Begründung einer Anstalt zu veranlassen, wodurch diesen Bedürfnissen befriedigend abgeholfen werden könnte. Ihre Majestät von gleicher Gesinnung beseelt, haben sich gerne diesem Geschäft unterzogen, und Ich habe den Mir von derselben vorgelegten Entwurf des Plans dieser zu errichtenden Anstalt nunmehr genehmigt. Nach diesem Plan wird an der Stelle des seit einem Jahre provisorisch als Staatsanstalt bestehende Ramsauersche- und das Tafingersche Privat-Instituts, welche als aufgelöst zu betrachten sind, eine neue vollstän-*

<hr />

131 Schreiben Catharinas an König Wilhelm I. vom 21. Mai 1818, vgl. HStA E 14 Bü 1553. Dazu gehöriges handschriftliches Konzept Catharinas, undatiert, vgl. StAL F 441 Bü 551.

Stuttgart den 21. Mai 1818.

Die Königin überreicht den Entwurf eines Plans zu Errichtung einer Erziehungs-Anstalt nebst Vorschlägen zu Verschmelzung der jetzt bestehenden Institute des Schul Vorstehers Ramsauer und Magisters Tafinger, nebst einigen Grundzügen einer zu begründenden Mittel Schule.

Dem König. Ministerium des Innern zur Berichts Erstattung.
Stuttgart den 24. Maÿ 1818.
Auf Befehl des Königs:
Der Staats-Sekretär
Vellnagel

Göttner

pr. L. d. 25. Maÿ 18.
No. 1150. mit 2. fasc. maÿ. a.

Eurer Königlichen Majestät

Willen gemäß, habe ich es mir zur Pflicht gemacht, mich mit der Gründung eines Instituts, zur Vervollkommnung der Erziehung der hiesigen weiblichen Jugend und den gebildeten Ständen zu beschäftigen. In dieser Beziehung überreiche ich Eurer Majestät in den Anlagen den Entwurf eines Plans zu Begründung einer besseren Erziehungs Anstalt nebst Vorschlägen zu Verschmelzung der jetzt bestehenden beyden hiesigen weiblichen Institute, nebst einigen Grundzügen zu Errichtung einer verbesserten und erweiterten Mittelschule, so-

teilung und Ausstattung aller Räume[152] (Abb. 41), die Auswahl einzelner Personen für den Elternausschuss, wozu auch Mitglieder der Zentralleitung des Wohltätigkeitsvereins gehörten[153], sowie die Teilnehmer der Eröffnungsfeier, den »Pressebricht« der Eröffnung[154] oder die Annahme von Geschenken und Trinkgeldern[155]. Auch über den laufenden Betrieb, über die Prüfungen der Schülerinnen und die Entwicklung der Anstalt wurde Catharina regelmäßig direkt informiert[156].

Zur Entwicklung der Idee einer derart umfassenden Bildungsanstalt für Mädchen hatte Catharina ihren Privatsekretär Buschmann auf Inspektions-Reisen zu bestehenden fortschrittlichen Bildungsanstalten geschickt; so in die Schweiz zum Institut von Heinrich Pestalozzi[157], den Catharina bereits 1814 kennengelernt

hatte[158], und zur Erziehung- und Bildungsanstalt von Philipp Emanuel von Fellenberg[159]. Die Reise führte, ihn auch zu Johannes Niederer, der das Pestalozzi-Institut in Iferten im Kanton Waadt führte und zu dessen Gattin Rosette, die das dortige Töchterinstitut leitete[160]. Die Anstalt in Stuttgart orientierte sich somit weniger an den bis daher bekannten und etablierten Lehrinstituten, wie zum Beispiel dem Smolny-Institut in St. Petersburg, wo adelige Töchter zu Hofdamen u.ä. ausgebildet und auf ein Leben in der hochadeligen Gesellschaft vorbereitet wurden[161]. Vielmehr orientierte man sich an den seinerzeit »fortschrittlichsten« (weiblichen) Bildungsinstituten nach den Prinzipien Pestalozzis, die eine umfassende Bildung und individuelle Förderung des Einzelnen in den Mittelpunkt stellten. Die

152 So ein eigenhändiger Notizzettel Catharinas mit der Zusammenstellung der insgesamt benötigten 45 Zimmer für das Schulgebäude, undatiert, vgl. StAL F 441 Bü 4.

153 So waren u.a. Charlotte von Neurath, Pauline von Zeppelin und Louise Conradi, ebenso wie Ferdinand von Pistorius sowohl Mitglieder der Zentralleitung des Wohltätigkeitsvereins als auch im Elternausschuss der Anstalt vertreten, vgl. Dankes-Brief der Vertreter des Elternausschusses an Catharina, undatiert, StAL F 441 Bü 7. Konzept des Schreibens Catharinas vom 4. Juni 1818 an Pauline von Zeppelin, die zu diesem Zeitpunkt bereits fünf Kindern hatte: »(...) Frau Gräfin v. Zeppelin! Da ich mir vorbehalten habe, bey der Errichtung des neuen Instituts für weibliche Bildung, dem aus der Mitte der Eltern des auf ein gewählten Ausschuß einige Mitglieder beizufügen, zu denen ich persönlich Zutrauen hege, so ersuche Ich Sie dem Eltern-Ausschuß beizutreten (...). Aus den öffentlichen Blättern ist der Wirkungskreis des Elternausschußes Ihnen bereits bekannt (...) Ihr so zartfühlendes Mutterherz wird Ihnen aber Ihre Verpflichtung besser vorzeichnen als nieder geschriebene Buchstaben. Auf dieses Herz rechne Ich. (...) Empfangen Sie bey dieser Gelegenheit die wiederholte Versicherung Meiner steten Achtung, deren geäußerten Beweis Ich Ihnen eben dargebracht habe (...)«. Antwort-Schreiben hierauf von Pauline von Zeppelin vom 18. Juni 1818: »(...) Ihre Königliche Majestät, (...) ich folge (...) meiner Pflicht, dem drängenden Gefühl meines Herzens, indem ich Höchstderselben meinen innigsten und unterthänigsten Dank (...) voll zu Füßen zu legen. (...)«. vgl. StAL F 441 Bü 51.

154 So wurde Christian Friedrich von Otto, Minister des Inneren und Schul- und Kirchenwesens, von Catharina am 15. August 1818 aufgefordert, an der Eröffnung der Anstalt am 18. August teilzunehmen: »(...) Ihr Amt verpflichtet Sie für öffentliche Erziehung zu sorgen, aber nicht nur des Ministers Gegenwart wünsche Ich, sondern die des Mannes den Ich als Vater schätze. Empfangen Sie bei dieser Gelegenheit die Versicherung meines Wohlwollens (...)«, vgl. HStA F 441 Bü 51. Ferner ein Entwurf für die Berichterstattung über die Eröffnung am 18. August mit handschriftlichen Korrekturen von Catharina, vgl. StAL F 441 Bü 51.

155 So gab es an Weihnachten 1818 wohl Unklarheiten, inwiefern die Angestellten der Anstalt Weihnachtsgeschenke der Eltern der Zöglinge annehmen dürften, wozu sich Catharina in einem Brief an die Vorsteherin der Gouvernanten Louise von Baer am 26. Dezember 1818 äußerte: »(...) habe ich ungern ersehen, daß die Eltern der Pensionaires Sie und der Gouvernanten durch Anerbietung von Christgeschenken in Verlegenheit gesetzt haben. So geringfügig diese auch

seyn mögen, so kann man sie doch nicht als Beweise von Dankbarkeit für das, was von Seiten des Instituts geleistet worden ist, betrachten, weil dasselbe noch kein halbes Jahr besteht; jeder andere Beweggrund aber zu einer Gabe ist unerträglich mit der Würde des Instituts und mit der Stellung worin Sie und die Gouvernanten den Eltern der Zöglinge gegenüber sich befinden. Die Delicatesse dieser Sache hat nicht gestattet, bey Errichtung des Instituts darüber zum Voraus Bestimmungen zu treffen, doch habe Ich gleich damals mündlich geäußert: Ich würde die Eltern nicht hindern beym Austritt ihrer Kinder aus dem Institut Ihnen und den Gouvernanten ihre Erkenntlichkeit zu bezeugen, so lange aber die Zöglinge noch im Institut befänden, könne dies nicht gestattet werden. Es scheint diese meine Absicht sey nicht hinlänglich bekannt geworden: und deswegen autorisiere ich Sie und die Gouvernanten für diesmal das Ihnen Dargebotene anzunehmen, zugleich aber den Eltern zu erklären: daß Sie in Zukunft bey keiner Gelegenheit und unter keinem Vorwande (...) irgend etwas von Ihnen annehmen würden. Auch fordere Ich Sie auf der Oeconomie-Verwalterin, Krankenwärterin und der übrigen Dienerschaft die Annahme von Geschenken oder Trinkgeldern zu untersagen und darüber zu wachen, daß Ihnen nichts gereicht werde (...)«, vgl. StAL F 441 Bü 51.

156 Sämtliche Berichte zur Anstalt für höhere Töchter zwischen 1818 und 1848 im Bestand StAL F 441 Bü 48.

157 Buschmann sollte dort nicht nur das Pestalozzi-Institut besichtigen, sondern zudem auch einen Erzieher und Lehrer für die beiden Prinzen Alexander und Peter von Oldenburg, die Söhnen Catharinas aus erster Ehe, finden. Hierfür wurde dann auch Johannes Ramsauer ausgewählt. Vgl. zu den Reisen Buschmanns: Schieckel, 1992, S. 286.

158 Ebenda, S. 286.

159 Philipp Emanuel von Fellenberg (1771–1844) hatte seit 1804 eine Erziehungsanstalt für verwahrloste Kinder gegründet, die er später um eine Unterrichtsanstalt für junge Landwirte und für Söhne höherer Stände ergänzte. Fellenbergs Gattin, Margaretha von Tscharner (1778–1839), führte ein Bildungsinstitut für junge Mädchen aus allen Ständen.

160 Vgl. Otto Hunziker: Niederer, Johannes, in: Allgemeine Deutsche Biographie, Bd. 24, 1887, S. 75–82.

161 Das 1764 von Catharinas Großmutter Katharina II. die Große gegründete Smolny-Institut stand bis 1917 unter dem Schutz der jeweiligen Zarin. Dieses Institut war adeligen Töchtern vorbehalten, und die Ausbildung legte den Fokus auf das zukünftige gesellschaftliche höfische Leben der Schülerinnen.

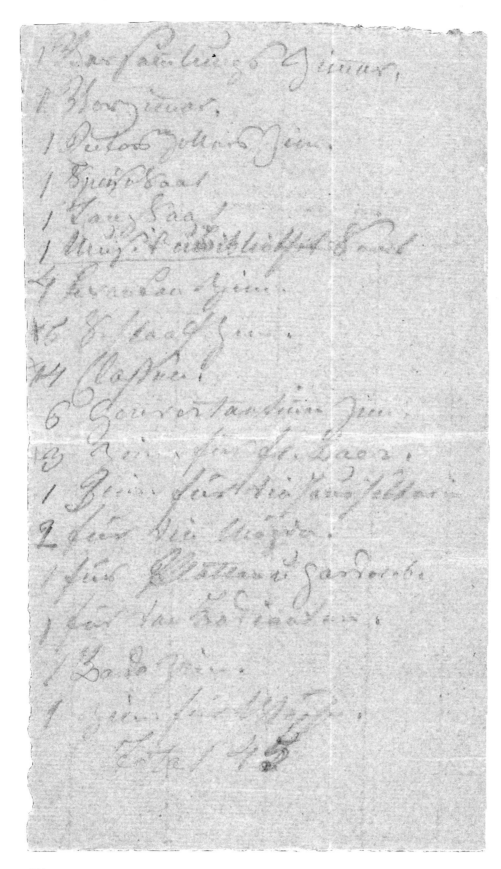

Abb. 41

**Notizzettel Catharinas**

mit der Zusammenstellung der insgesamt benötigten 45 Zimmer für das Schulgebäude, undatiert

Archivalie HStA F 441 Bü 4

*Copyright: HStA*

76

Bedeutung der Bildung und der Ausbau von Bil-
dungseinrichtungen war für Catharina ebenso
wie für Wilhelm I. von hoher Bedeutung, was sich
auch an der Gestaltung der Erziehung für Catharinas Söhne aus erster Ehe erkennen ließ[162].

Das Augenmerk Catharinas lag nicht nur auf
der Anstalt für höhere Töchter, die sie regelmäßig
besuchte[163], sondern auch auf der angemessenen

Abb. 42
Unbekannter Künstler:
**Catharinenstift an der Friedrichstrasse 34–36/
Ecke Schlossstrasse,**
wo sich das Stift ab 1818 bis 1903 befand
um 1900
Landesmedienzentrum (LMZ) Stuttgart
*Copyright: LMZ*

162  So erhielten die beiden Prinzen teilweise Unterricht mit anderen Kindern zusammen, so zum Beispiel den Turnunterricht, der im Garten des Privatsekretärs von Catharina – Gerhard Buschmann – stattfand: »(...) Es mag im Jahr 1817 oder
1818 gewesen sein, daß mein Vater sich ein eignes Haus
kaufte. Es lag an einer breiten Straße, vis-a-vis die Akademie
des Herzogs Karl, und rechts, nur durch eine große Einfahrt
getrennt das Kriegsministerium (...) Zu jener Zeit wünschte
die Königin, daß die Söhne Turnunterricht erhielten (...) da
erbot sich mein Vater, dem sein Garten ohnehin viel zu groß
war, in demselben die erforderlichen Turngerüste aufschla-

gen zu lassen (...) von da an kamen die Prinzen zweimal eine
halbe Stunde vor dem Unterricht , nahmen dann ein leichtes
Gouter von Obst und Bisquit (...) ein, vereinigen sich dann
mit 6 Kameraden und dem Turnlehrer, die sich mittlerweile
im Garten eingefunden hatten, und die Übungen begannen
(...)«, vgl. Schieckel: 1992, S. 280/281.

163  So soll Catharina in den ersten Monaten die Lehranstalt
fast täglich besucht haben, um sich von der Entwicklung zu
überzeugen, so auch im Oktober 1818 mit ihrer Mutter der
Kaiserin Maria Feodorowna bei deren Besuch in Stuttgart,
und zuletzt am 19. Dezember 1818, vgl. Heintzeler, 1918, S. 7.

Bildung für die Kinder der mittleren und unteren Bevölkerungsklassen. So hatte sie parallel zu der Entwicklung der Anstalt für höhere Töchter ebenso die Idee »(...) einer vollkommen neuen Mittelschule, als die bis jetzt bestehenden sogenannten Privat ist, ohne welche eine Lücke seyn würde, zwischen der niederen Volksschule und dem Institute für Töchter aus niederen Stande und dem Institute für Töchter aus höheren Ständen. Dem Willen des Königs gemäß soll Ich mich künftig mit diesem (...) Gegenstand beschäftigen (...)«[164]. Um diese »Lücke« zwischen dem allgemeinen Volksschulunterricht und den deutlich umfangreicheren Unterricht in den Bildungsinstituten für Kinder bzw. Töchter der höheren Stände bzw. der Gymnasien für die Jungen, zu schließen, legte Catharina ebenso einen Entwurf vor. Demnach »(...) soll den Kindern der Stuttgarter Bürger, welche der Standpunkt der allgemeinen Stadtschulen nicht genügt, und die gleichwohl dem Umfang der Aufgaben der höchsten Bildungsanstalt nicht ihren Zwecken und Wünschen angemessen finden, eine besondere Mittelschule sich darbieten, die es möglich macht, in einem nicht zu sehr gemischten Kreise diejenige Ausbildung zu empfangen, welche außer der allgemeinen Zwecke der Bildung nach Geist und Herz, alle Bedürfnisse der bürgerlichen Verhältnisse vollkommen befriedigt, und in dieser Hinsicht die Stadt-Schul-Privat erweitert und vervollkommnet (...)«[165]. Den Schülern im Alter von sechs bis vierzehn Jahren sollte somit eine ergänzende Anstalt zu der Volks- bzw. Elementarschule gegeben werden, wo diese einen zusätzlichen Unterricht mit vier Schulstunden zu einem Preis von monatlich 1 Gulden und 12 Kreuzer erhalten konnten. Dieser lag deutlich unter dem Preis von privaten Schulstunden. Besonders sollten die Mädchen davon profitieren: »(...) ohne welche es nicht möglich wäre allen Classen der hiesigen weiblichen Jugend eine ihrem Stande gemäße Erziehung angedeihen zu lassen (...)«[166]. Mit Begründung dieser neuen Anstalt wurde 1818 der Grundstein für die weitere Entwicklung der am Bürgertum orientierten Realschule gelegt, welche in den folgenden Jahren zur Erhebung der Realschulen als selbstständige Bildungsanstalten führte[167].

Für die Kinder der armen Bevölkerungsschicht hatte Catharina schon 1817 in Stuttgart die Gründung einer Nachhilfe-Schule bzw. »Industrie-Schule« für Kinder ins Leben gerufen, welche nach ihrem Tod als »Catharinen-Schule« benannt wurde. Demnach erhielten dort die »(...) Knaben und Mädchen (...) täglich eine Stunde Unterricht zur Nachhilfe für den Schulunterricht ertheilt, den manche zu spät zu besuchen angefangen, oder ihn unregelmäßig benützt hatten. Vorzüglich soll dabei auf ein sorgfältiges Erlernen biblischer Sprüche, auf Verbesserung des Lesens, auf Kopfrechnen, auf Schön- und Rechtschreiben gedrungen werden. Die älteren Knaben erhalten wöchentlich auch einiger Stunden Unterricht im Formen-Zeichnen und in der Gewerbekunde zur Vorbereitung für die Handwerke, die sie künftig erlernen wollen (...)«[168]. War zunächst vorgesehen, diese Anstalt für schulpflichtige Kinder vom 6. bis zum 14. Lebensjahr (die Jungen) bzw. bis zum 16. Lebensjahr (die Mädchen) einzurichten, so plädierte die Schule bereits ein Jahr nach der Eröffnung dafür, die Kinder bereits ab dem 4. Jahr den Zugang zu gewähren: »(...) wir haben auch in diesem Jahr den Grundsatz befolgt, vorzüglich jüngere Kinder, d. h. im Alter von 4 – 6 Jahren aufzunehmen. (...) die Kleinen haben sich in kurzer Zeit so sehr an Ordnung und Arbeitsamkeit gewöhnt (...) die man mit aller Mühe bei einem großen Theile derjenigen Kinder, welche bis in das 9te oder 10te Jahr sich ganz selbst überlassen waren, vergeblich zu erzielen strebte (...)«[169].

1819 besuchten bereits 175 Jungen und 172 Mädchen diese Schule, die neben dem ergänzenden Schulunterricht auch in verschiedene Handwerke unterrichtet wurden: die Mädchen im »Spinnen, Stricken, Nähen, Kleidermachen, Kleider-

164 Konzept des Briefs Catharinas an die Mitglieder des Studienrats vom 21. Mai 1818 zur Überprüfung ihrer Entwürfe, vgl. StAL F 441 Bü 51.
165 »Entwurf eines Plans zu einer besonderen Lehranstalt des Stuttgarter Stadt-Schulwesens«, Beilage zu dem Schreiben Catharinas an König Wilhelm I. vom 21. Mai 1818, darin sämtliche Details zur Struktur dieser neuen Lehranstalt, vgl. HStA E 14 Bü 1553.
166 Konzept eines Briefs von Catharina an Christian Friedrich von Otto, Minister des Inneren und Schul- und Kirchenwesens, vom 21. Mai 1818 mit der Bitte um Durchsicht ihrer Entwürfe u. a. zu dieser neuen Lehranstalt, vgl. StAL F 441 Bü 51. Aus dieser »Lehranstalt« entwickelten sich dann ab

1818 die Realschulen im Land, vgl. Heinrich Hermelink: Kirche und Schule unter der Regierung König Wilhelms I. von Württemberg, in: ZWLG Bd. 9, 1949/50, S. 175 –195.
167 Vgl. Hermelink, 1949/50, S. 193.
168 Vgl. Nachricht über die Catharinen-Schule zu Stuttgart aus dem Schlusse des Jahres 1819, HStA E 14 Bü 1553. Die Schule befand sich an der Ecke Schlossstrasse/Büchsenstrasse/Casernenstrasse schräg gegenüber der Kinder-Beschäftigungsanstalt im Husarenbau, vgl. Friedrich Bohnert/H. A. Schurath, 1817.
169 Vgl. Nachricht über die Catharinen-Schule zu Stuttgart aus dem Schlusse des Jahres 1819, HStA E 14 Bü 1553.

flicken«, die älteren Mädchen erhielten zudem die Gelegenheit »(...) Waschen und Biegeln zu erlernen, und einige Kenntnisse von den Geschäften in der Küche zu erhalten (...)«; die Jungen im »Stricken, Kartetschen (d. h. Kartieren von Wolle), Spinnen, Roßhaarzupfen, mancherley Handarbeiten, Holzsägen und Spalten«. Die Kinder erhielten dabei halbjährlich einen Lohn für die hergestellten Arbeiten ausbezahlt, der »(...) den Eltern einen schätzbaren Beitrag zur Erhaltung der Familie verschafft (...)«[170]. Die Ausgaben der Schule (Unterhalt, Löhne, Kosten für Arbeitsmaterialien) wurden in erster Linie durch private Spenden von der Bürgerschaft und dem Königlichen Haus sowie dem Verkauf der hergestellten Waren gedeckt. Diese Anstalt sorgte somit dafür, dass die Kinder aus sozial schwierigen Verhältnissen sowohl eine angemessene Schulausbildung erhielten, als auch auf eine zukünftige Tätigkeit vorbereitet wurden, was neben praktischen (Hand-)Arbeitsübungen auch »Ordnung«, »Arbeitsamkeit« und »Sittlichkeit« miteinschloss. Nach Abschluss der Schule konnten die Kinder direkt in eine Ausbildung bzw. Dienstverhältnis eintreten: »(...) besonders auch aus der Geneigtheit der Handwerker Zöglinge derselben in die Lehre aufzunehmen. Die Lehr-Jungen, welche früher in der Catharinen-Schule gewesen, haben, so wie einige Mädchen, welche in Dienste getreten sind, bis jetzt von ihren Meistern und Dienstherrschaften, ein gutes Lob, und einige der ersten zeichnen sich durch Fleiß und Geschicklichkeit vorzüglich aus (...)«[171]. Mit dieser Unterstützung sollte den Kindern eine zukünftige Existenz gesichert werden und diese zudem vor sozialer Verwahrlosung und Ausbeutung schützen, um zu vermeiden: »(...) wie das müßige Umherziehen auf den Bettel zu Betrug, Diebstahl und anderen Lastern und Ausschweifungen führt, und wie solche verwahrlosten und verdorbenen Geschöpfe in den Jahren, wo sie erst für die bürgerliche Gesellschaft nützlich zu werden beginnen, bereits von einer Straf-Anstalt in die andere wandern müssen (...)«[172]. Bereits 1818 hatte Catharina diese Einrichtung um ein Waisenhaus erweitern wollen, was jedoch erst nach ihrem Tod umgesetzt werden sollte[173].

Catharina hatte mit der Gründung der Erziehungs-Anstalt für höhere Töchter, den Kinder-Industrie-Schulen, der Erweiterung der Volksschulen und der weiteren Entwicklung der Realschulen ein breites Bildungsspektrum geschaffen, das die bestehenden Lehranstalten in Württemberg perfekt ergänzte. Sämtliche Kinder im Königreich konnten eine für sie bzw. ihrem Stande angemessene Bildung erhalten und somit den Grundstein für eine spätere eigenständige wirtschaftliche Existenz legen.

170  1819 wurden an die insgesamt 347 Kindern zusammen rund 715 Gulden ausbezahlt, wofür u. a. 669 Pfund Wolle cardiert und gesponnen wurde, 690 Paar wollene und 537 Paar leinene Halbstrümpfe gestrickt wurden und 122 Schürzen genäht wurden. Ebenda.
171  Vgl. Nachricht aus die Catharinen-Schule (...) zu Stuttgart bey dem Schlusse des Jahres 1820, HStA E 14 Bü 1228.
172  Vgl. Nachricht aus die Catharinen-Schule (...) zu Stuttgart bey dem Schlusse des Jahres 1819, HStA E 14 Bü 1228.
173  Hierbei handelt es sich um die sog. »Paulinenpflege«, welche nach der ab 1820 regierenden Königin Pauline von Württemberg benannt wurde und unter deren Schutz stand. Catharina hatte jedoch bereits 1818 in einem Entwurf die Ergänzung der Industrie-Schule durch ein Waisenhaus in vielen Details skizziert, vgl. »Plan für Industrie-Bildung mit dem Stuttgarter Waisenhaus«, StAL F 441 Bü 51.

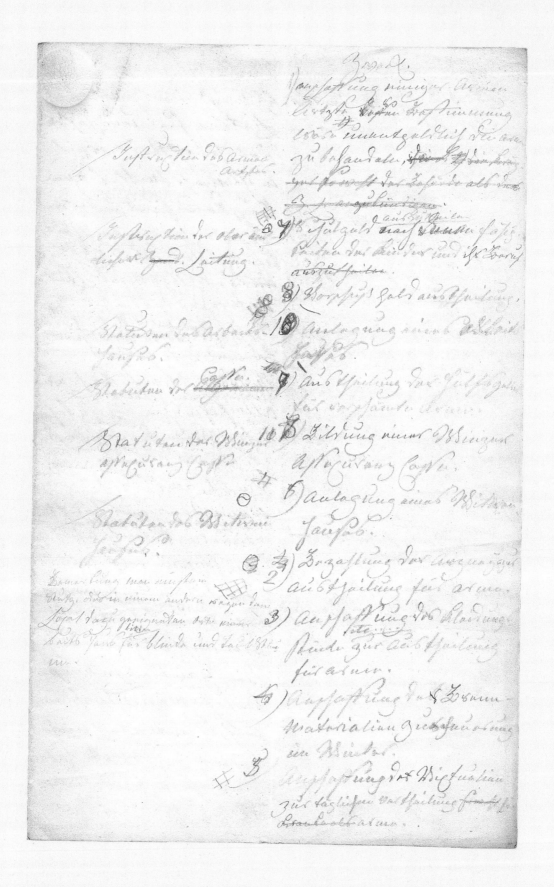

Abb. 43
**Notiz Catharinas mit Erwähnung Winzer-Assecuranz-Casse, unter Punkt 8**
1816/17
Archivalie HStA G 270 Bü 8
*Copyright: HStA*

# DER WEINBAU

## UNTER CATHARINA UND WILHELM I.

## UND DIE GRÜNDUNG DES LANDWIRTSCHAFT-LICHEN VEREINS UND DER BEITRAG VON CATHARINA ZUR ENTSTEHUNG DER UNIVERSITÄT HOHENHEIM

*»... um die Ausführung dieser Einrichtung möglichst zu beschleunigen...«*

In den ersten Überlegungen Catharinas zu der Entwicklung von sozialen Unterstützungen im krisengebeutelten Württemberg finden sich in ihren privaten Notizen auch Hinweise auf die Gründung einer Winzer-Assekuranz-Kasse in Württemberg: »(...) *Bildung einer Winzer Assecuranz Casse (...)*« und die Erstellung von »(...) *Statuten der Winzer Assecuranz Casse (...)*«[174] (Abb. 43). Diese Idee einer Versicherungskasse für die württembergischen Winzer – auch wenn diese dann doch nicht verwirklicht wurde – ist umso bemerkenswerter, da es zunächst um eine direkte »wirtschaftliche« Unterstützung für ein einzelnes Gewerbe ging[175].

An diesem Umstand lässt sich die Bedeutung und die prekäre Notlage dieses Gewerbes in der Krise 1816/17 erahnen.

Seit dem Ende des Dreißigjährigen Krieges war der Weinbau in Württemberg eher durch Quantität als durch Qualität bestimmt[176]. So war im frühen 19. Jahrhundert noch immer überwiegend die ertragreiche »Putzscheren-Rebe«, eine Tokajer-Sorte, in den Weinbergen zu finden, welche jedoch oft nicht ausreifte und nur schwer lagerfähig war[177]. Diese Sorte wurde bevorzugt, da deren reiche Erträge es den Weingärtnern ermöglichte, die hohen Abgaben aufzubringen[178] und

---

174 Vgl. handschriftliche Bleistift-Notizen Catharinas, undatiert, HStA G 270 Bü 8. Die Idee wurde dann wohl nach der Empfehlung von Cotta und Conradi, welche u. a. von Catharina um ihre Meinung hinsichtlich ihres ersten Konzepts für diese Unterstützungen gefragt wurden, nicht umgesetzt. Vgl. Ausst.-Kat. Catharina Pawlowna, 1993, S. 50.

175 So finden sich in den Überlegungen Catharinas, wie schon dargestellt, generelle Überlegungen und Pläne zur allgemeinen Unterstützung der wirtschaftlich leidenden (Land-) Bevölkerung, jedoch werden keine Berufszweige außer den Winzern direkt benannt.

176 Bis zum Ausbruch des Dreißigjährigen Krieg stand der württembergische Wein in einem sehr guten Ruf, nach Ende des Krieges 1648 waren die Weinberge im Land jedoch nahezu vernichtet bzw. lagen brach. Um möglichst schnell wieder Ertrag im Weinbau zu erhalten, wurden daher mehr ertragreiche als qualitätsvolle Rebsorten ausgewählt. Bemühungen von Seiten des Landesherrn, wieder bessere Sorten anpflanzen zu lassen, waren daher ohne Erfolg. Vgl. Karl

Pfaff: Württembergische Wein-Chronik. Ein Bericht über die Quantität und Qualität des Weins und die darauf einwirkenden Witterungsverhältnisse der einzelnen Jahrgänge. Von den ältesten Zeiten bis aufs Jahr 1865, Eßlingen 1865, S. 2.

177 Alle Angaben zum Weinbau in Württemberg, sofern nicht anders angegeben, aus: Eberhard Fritz: Weinbau im Königreich Württemberg. Entwicklung, Krisen und Wandel, in: Sigrid Hirbodian/Tjark Wegner (Hg.): Wein in Württemberg (Tübinger Vorträge zur Landesgeschichte Bd. 3), Ostfildern 2017, S. 147–176.

178 So war der Weinzehnt an die Hofdomänenkammer und ggf. noch weitere Abgaben an die jeweiligen Weinbergbesitzer abzuführen; im Gegenzug war die Hofdomänenkammer verpflichtet, die örtlichen Keltern zu unterhalten und auszustatten: so waren 1820 in Württemberg 50 Keltern in der Zuständigkeit der Hofdomänenkammer. Die Gemeinden legten die benötigte Anzahl von Kelterknechten fest, die von der Hofdomänenkammer bestätigt wurden; vereidigte Zehntknechte und ein Eichmeister zogen vor Ort dann den

trotzdem noch genügend Wein für den Verkauf zur Verfügung zu stellen. Dieser wurde aufgrund der mangelnden Qualität aber nicht exportiert, sondern im Land von der breiten Bevölkerung konsumiert. Aufgrund der napoleonischen Kriege und den mehrfach schlechten Ernten schon vor dem »Jahr ohne Sommer« waren die Weingärtner Württembergs schon seit 1810 zunehmend in Existenznot geraten. Sämtliche landesherrliche Bemühungen für eine qualitative Verbesserung des Weinbau blieben erfolglos[179]. Zudem war der Großteil der württembergischen Weingärtner in den Hauptanbaugebieten[180] nebenbei auch als Bauern oder Handwerker tätig und hatten überwiegend die Anbauflächen nur gepachtet. Nur in wenigen Gebieten lebten einzelne Weingärtner von eigenen Weinbergen ausschließlich vom Weinbau[181]. Aber auch dort wurde zwischen den Reben oft noch Obst- und Gemüse angebaut. Dies zusammen mit einer bunten Mischung von verschiedenen früh und spät reifenden Rebsorten. Die Reben wurden dennoch und ungeachtet des unterschiedlichen Reifegrades gleichzeitig und sobald als möglich gelesen, da man Ernteeinbußen durch Unwetter und Diebstahl befürchtete. Denn der Schutz der Weinberge erfolgte in der Regel durch die gleichen Helfer (»Weinbergknechte«), die auch für das Pressen und Keltern der Trauben zuständig waren. Sobald man diese abzog, mussten alle Trauben gelesen sein. Die weitere Verarbeitung in der Kelter wurde dann von der Hierarchie innerhalb der Zünfte, deren

die Weingärtner angehören mussten, bestimmt. Ärmere Weingärtner mussten somit länger auf die Verarbeitung ihrer Trauben warten. Diese waren häufig unter freiem Himmel und in offenen Zubern gelagert, was zu Fäulnis, verminderter Qualität und geringer Lagerfähigkeit führte. Durch das gemeinsame Pressen oder Zerstampfen weißer und roter Trauben mit den Kämmen[182] wurden Fehltöne und bakterielle Verunreinigungen verursacht.

Eine Verbesserung der Qualität durch die Anpflanzung neuer Rebsorten war für die Weingärtner, die mehrheitlich zur sozialen Unterschicht gehörten, aufgrund der geringeren bzw. unklaren Erträge der neuen Sorten existenzbedrohend. Zudem hatte die Witterung in den Jahren 1805, 1809, 1813 und 1814 sehr schlechte Ernten und nur 1811 einen guten Jahrgang hervorgebracht[183]. In den Jahren 1816/1817 kam es dann zu den bekannten Total-Ausfällen. Die Kombination von starker Witterungs-Abhängigkeit, veralteten Anbau-Methoden und der Auswahl ungeeigneter (Reb-)Sorten im Anbau war leider bespielgebend für den Zustand der Landwirtschaft in Württemberg im frühen 19. Jahrhundert. Insbesondere aus diesem Umstand resultierte auch die schnelle Verelendung der Landbevölkerung im Krisenjahr 1816/17.

Durch die Gründung des Wohltätigkeitsvereins konnte die Notlage der Landbevölkerung nur kurzzeitig gelindert werden; für Catharinas Anspruch einer »Hilfe zur Selbsthilfe« war in der

Zehntwein ein, der von der Hofdomänenkammer in Stuttgart in den Kellern des Alten Schloss und im Keller des Prinzenbaus gelagert wurde. Im Durchschnitt kamen im Jahr rund 250.000 Liter Zehntwein zusammen, der dann meistens zunächst gemischt oder mit Traubenmost »verbessert« werden musste, um genießbar zu werden. Der Wein wurde dann verkauft – und war da steuerbefreit günstiger als bei den Weinhändlern – oder als Teil der Besoldung für Hofbeamte oder auch als Abgabe zur Krankenspeisung vorgesehen. So erhielten die bedürftigen Kranken vom Wohltätigkeitsverein neben einer Suppe u. a. auch täglich 1/6 Liter Wein, vgl. HStA E 14 Bü 1215 (Liste der Bedürftigen in Stuttgart vom 3. Februar 1818). Wein gehörte zur allgemeinen Krankenversorgung und konnte in der Apotheke bezogen werden oder wurde an Bedürftige vom Wohltätigkeitsverein kostenlos ausgegeben; wobei Wilhelm I. Wein aus der Hofkellerei zur Verfügung stellte. Es wurde allerdings der Grad der Erkrankung in der Zuteilung berücksichtigt: »(...) 1. Ein reiner guter Wein für eigentliche Kranke, 2. ein Mischling von 1/3 gutem Obst Most, und 2/3 neuen Wein, welcher für reconvalest. und minder bedeutend Kranke anwendbar wäre, dem zu Folge müste auf jedem ärztl. Zeugniß von dem Arzt selbst bestimmt werden, ob und wie lange der Kranke 1 Portion Wein von Nro. 1 oder Nro. 2 erhalten soll (...), vgl. StAL F 240/1 Bü 141 Auszug aus dem ökonomischen Protokoll vom 12. Mai 1819, zitiert nach Dettinger, 2016, S. 83/84.

179  Bereits Herzog Carl Eugen von Württemberg hatte in der 2. Hälfte des 18. Jh. eine qualitative Verbesserung des Weinbaus durch bessere, aber ertragsärmere Rebsorten gewünscht. Dieses Vorhaben war letztendlich aber in der Praxis bei den Winzern gescheitert, die nach wie vor einem hohen Ertrag den Vorrang gaben. Auch unter König Friedrich I. von Württemberg waren die Winzer weiterhin abgabepflichtig und benötigten einen hohen Ertrag, da nur ein kleiner Teil aus besonders schwer betroffenen Gebieten hiervon befreit war.

180  Hierzu gehörten das Oberes und Unteres Neckartal, Remstal, Enztal, Zabergäu, Kocher- und Jagsttal, Taubertal, Bodensee und Schussental.

181  So waren im Neckartal (Rotenberg, Uhlbach) und teilweise im Remstal einige Familien ausschließlich auf den Weinbau spezialisiert.

182  Die Trauben wurden mit den Schuhen zertreten und ohne vorherige Verarbeitung mit einer Traubenraspel, so dass die Kämme mit zertreten wurden und den Wein sauer machten. Vgl. Eberhard Fritz: Die Verbesserung des Weinbaus in Württemberg unter König Wilhelm I. (1816–1864), Stuttgart 1994, S. 20.

183  Vgl. Pfaff, 1865, S. 61 ff. Pfaff gibt für jedes Jahr eine genaue Beschreibung des Wetters und den Ertrag und Qualität des Weins im jeweiligen Jahr.

(Land-)Wirtschaft jedoch ein Strukturwandel nötig[184]. Wilhelm I. hatte 1817 per Edikt zunächst begonnen, die rechtlichen Bedingungen zu schaffen, indem er die ersten Schritte zur Aufhebung der persönlichen Leibeigenschaft und Ablösungen der Feudalleistungen setzte[185]. Zur besseren staatlichen Förderung der Landwirtschaft hatte Wilhelm I. 1817 die Landwirtschaftliche Zentralstelle in Stuttgart gegründet, welche direkt dem Innenministerium unterstellt war und die dem neu gegründeten Landwirtschaftlichen Verein vorstand. Dem Landwirtschaftlichen Verein wiederum unterstanden die lokalen Bezirksvereine, in dem die Landwirte und Bauern vor Ort organisiert waren[186]. Ähnlich der Intention und Struktur des von Catherina gegründeten Wohltätigkeitsvereins hatte auch der landwirtschaftliche Verein explizit die Aufgabe, durch einen regionalen und überregionalen Austausch und direkte Förderung die Entwicklung und Modernisierung der Landwirtschaft voranzubringen.

Der Vorsitzende des Landwirtschaftlichen Vereins war August von Hartmann, der bereits als stellvertretender Vorsitzender der Zentralleitung des Wohltätigkeitsvereins agierte. Wilhelm und Catharina waren Mitglieder des Landwirtschaftlichen Vereins und nahmen beide regelmäßig an den Sitzungen teil[187]. Auf Anregung Catharinas wurde zudem eine »mechanische Sektion«

im Verein installiert: Ziel dieser Maßnahme war die Steigerung des Ertrags und der Einnahmen, aber auch die Schaffung einer erhöhten Nachfrage nach technischen Produkten für die Landwirtschaft[188]. Die sichtbaren Ergebnisse dieser Bemühungen um die Landwirtschaft wurden jährlich auf dem von Wilhelm I. gegründeten und 1818 erstmals in Cannstatt abgehaltenen Landwirtschaftlichen Fest (dem heutigen Cannstatter Wasen) öffentlich vorgestellt. Nutztiere und landwirtschaftliche Produkte wurden beworben und prämiert, und die neuesten Errungenschaften landwirtschaftlicher Geräte vorgestellt. Mit der Gründung des Landwirtschaftlichen Instituts bzw. der Landwirtschaftlichen Versuchsanstalt (der heutigen Universität Hohenheim) durch Wilhelm I. am 20. November 1818 auf der ehemaligen königlichen Domäne Hohenheim bei Stuttgart, wurde eine Lehranstalt für angehende Landwirte geschaffen, welche die Landwirtschaft dauerhaft modernisieren und deren Effizienz steigern sollte (Abb. 44/45). Vorbild hierfür war die landwirtschaftliche Lehranstalt in Celle und der zugehörige Gutsbetrieb in Möglin bei Berlin, die 1802 und 1804 von Albrecht von Thaer gegründet wurden[189].

Ebenso wie dort sollte auch in Württemberg durch die Einrichtung von Mustergütern (Domänen) der praxisorientierte Unterricht im Mittel-

---

184 Mit der Erhebung Württembergs zum Königreich 1806 wuchs die Einwohnerzahl auf über 1,34 Millionen Menschen, die auf knapp 20.000 Quadratmeter lebten. Die wichtigste Erwerbsquelle war die Landwirtschaft, wobei in den altwürttembergischen Gebieten aufgrund der bis dato herrschenden Erbteilungssystem viele Klein- und Kleinstbetriebe angesiedelt waren, während auf den neuwürttembergischen Gebiete die Unteilbarkeitsregel größerer Anwesen erhalten hatte. Gewerbe und Handwerk waren fast ausschließlich von lokaler Bedeutung und in Zünften gebunden, und wurden oftmals nur nebenerwerblich neben der Landwirtschaft ausgeführt. An neueren »Fabriken« gab es nur wenige im Land, so die »Tuchfabrik und Porzellanmanufaktur in Ludwigsburg, die alte Saline in Sulz am Oberen Neckar, die neue Gewehrfabrik im Kloster in Oberndorf a. N., oder die Eisen- und Hüttenwerke in Christophstal und in der Gegend um Aalen und Tuttlingen (...) an privaten Fabrikunternehmungen (...) wie eine Senffabrik in Neuenbürg, eine mechanische Baumwollspinnerei in Berg, eine weitere solche in Eßlingen, und zwei in Heidenheim (...)«, vgl. Paul Gehring: Das Wirtschaftsleben in Württemberg unter König Wilhelm I. (1816–1864), in: Zeitschrift für Württembergische Landesgeschichte, Bd. 9, 1950, S. 196–257, hier 205/206. Zur Situation der (Land-)Wirtschaft in Württemberg bei Regierungsantritt Wilhelms I. 1816 vgl. Paul Sauer: Wilhelm I. von Württemberg, in: Ausst.-Kat. Das Königreich Württemberg 1806–1918. Monarchie und Moderne, Landesmuseum Württemberg 2006, Ostfildern 2006, S. 82–84 und S. 56.

185 Wilhelm I. forcierte seit 1817 den Vorstoß, die Bauern von sämtlichen Grundlasten zu befreien, d. h. diese sollten den kompletten Ertrag ihrer Arbeit und Ernten zur Verfügung

haben, was eine gänzliche entschädigungslose Aufhebung der Leibeigenschaft und des Abgabenwesens bedeutete. Dies stieß jedoch beim Adel auf Widerstand, so dass es in Württemberg bis 1848 keine vollständige Abschaffung der Abgaben gab. Aber bereits ab 1836 konnten durch finanzielle staatliche »Subventionen« in Höhe von drei Millionen Gulden für den Adel die Leibeigenschaften und Frohnpflichten schon abgeschafft werden. Vgl. Paul Gehring: Das Wirtschaftsleben in Württemberg unter König Wilhelm I. (1816–1864), in: Zeitschrift für Württembergische Landesgeschichte, Bd. 9, 1950, S. 196–257, hier S. 231. Ausst.-Kat. Catharina Pawlowna, 1993, S.60 ff.

186 Gehring, 1950, S. 212.

187 So nahm Catharina zwischen Dezember 1817 und 1818 an insgesamt fünfzehn Sitzungen des Landwirtschaftlichen Vereins teil, d. h. ungefähr einmal im Monat (die erste Sitzung fand am 12.12.1817 statt, die letzte Sitzung besuchte sie am 18.12.1818), vgl. Eberhard Fritz: König Wilhelm und Königin Katharina von Württemberg. Studien zur höfischen Repräsentation im Spiegel der Hofdiarien, in: Zeitschrift für Württembergischen Landesgeschichte, Bd. 54, 1995, S. 157–177, hier S. 172.

188 Die von Catharina angeregte Förderung des Gewerbes gewann jedoch erst ab den 1830er Jahren, nach der ersten württembergischen Zollvereinigung mit Bayern 1828 und der deutschen Zollvereinigung 1834, an Bedeutung. 1848 wurde dann die »Königliche Centralstelle für Gewerbe und Handel«, der Vorläufer des Landesgewerbeamtes, gegründet; vgl. Ausst.-Kat. Catharina Pawlowna, 1993, S.66/67. Vgl. Gehring, 1950, S. 212.

189 Ausst.-Kat. Catharina Pawlowna, 1993, S.60 ff.

HOHENHEIM,

*Königl. Landwirthschaftliches Institut.*

Stuttgart Verlag von G. Ebner.

Abb. 44
C. Obach:
**Stuttgart Hohenheim –**
**Landwirthschaftliches Institut**
um 1830
Württembergische Landesbibliothek,
Graphische Sammlung, Schef. qt. 3352
*Copyright: Württembergische Landesbibliothek Stuttgart*

190 Ebenda.

punkt stehen. Waren die Einrichtung des Landwirtschaftlichen Vereins, des Landwirtschaftlichen Festes (Abb. 46) und der Bildungsanstalt in Hohenheim offiziell Gründungen von Wilhelm I., so sind diese doch maßgeblich von Catharina beeinflusst und unterstützt worden. So wurde auf ihren Wunsch hin der Lehranstalt in Hohenheim eine »Landwirtschaftliche Armen-Erziehungsanstalt für Knaben« angegliedert, welche Waisenknaben in landwirtschaftlichen Tätigkeiten unterweisen sollte, und die sich in den folgenden Jahren zu einer allgemeinen Ackerbauschule für Bauernsöhne entwickelte[190]. Sofern sie an einer Sitzung des Landwirtschaftlichen Vereins nicht teilnehmen konnte, ließ sich Catharina die Sitzungsprotokolle

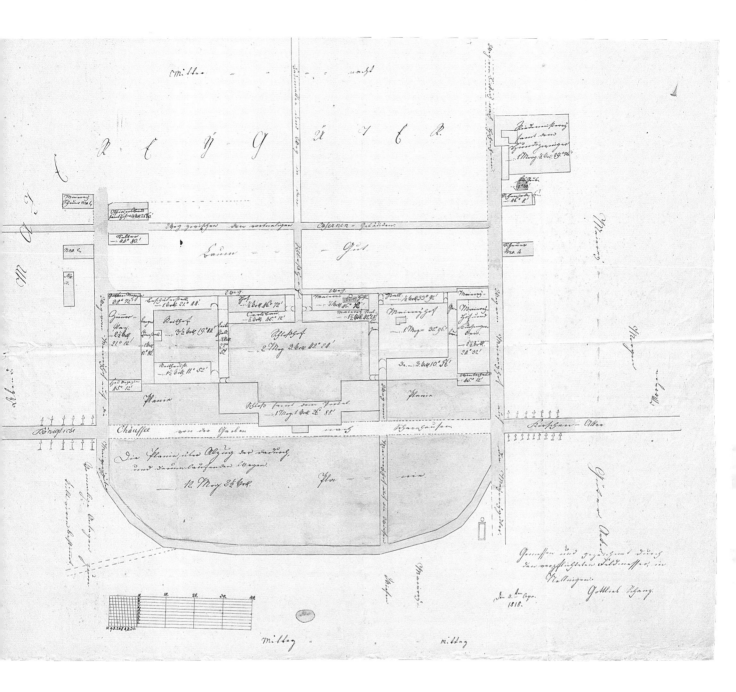

vorlegen, die sie mit Vermerken und Entscheidungen versah[191]. Auch unterstützte sie maßgeblich die
praktische Einrichtung der Landwirtschaftlichen
Bildungsanstalt. In dem ihr eigenen Tempo ließ
sie sich von dem Präsidenten des Landwirtschaftlichen Vereins August von Hartmann, von dem
Direktor der Landwirtschaftlichen Bildungsanstalt

Abb. 45
**Plan der Anlage Hohenheim zur
Übergabe und zukünftigen Nutzung als
landwirtschaftliches Institut**
vom 4. April 1818
Archivalie StAL E 228 II Bü 1313
*Copyright: StAL*

191 So wurde Catharina zum Beispiel das Protokoll vom 31.
Juli 1818 mit den Entwürfen für die öffentliche Ankündigung der Gründung der Landwirtschaftlichen Bildungsanstalt zur Prüfung vorgelegt, mit den noch von ihr zu
bestimmenden Fragen zu Alter, Vorkenntnissen und Stu-
diendauer der aufzunehmenden Zöglinge. Catharina vermerkte handschriftlich am Rand des Protokolls: »(...) Da

die Bestimmungen der Auflagen für die erforderlichen
Gattungen von Zöglingen schon in der bei mir gehaltenen
Conferenz festgesetzt worden ist, so wünsche ich, daß in
der Ankündigung sie aufgenommen und unverändert eingesetzt werden (...)«. Vgl. Auszug des Protokolls der Zen-
tral-Stelle des Landwirtschaftlichen Vereins vom 31. Juli
1818, StAL E 171 Bü 197.

gezeichnet von Pflug, radirt von Wiesner.

Ländliche Gebräuche in Würtemberg.

Das Volksfest in Cannstadt.

Stuttgart im Verlag der G. Ebner'schen Kunsthandlung.

Abb. 46
Pflug:
**Das Volksfest in Cannstadt**
1824
Landesmedienzentrum (LMZ) Stuttgart
*Copyright: LMZ*

Johann Nepomuk Schwerz und dem Präsidenten des Finanzdepartements Karl August von Malchus regelmäßig unterrichten und nahm direkten Ein-

fluss auf die Entwicklung der Bildungsanstalt: »(...) *An die Centralstelle des Landwirtschaftlichen Vereins, Da Se. Königs Majestät nunmehr definitiv die Domain Hohenheim zur Aufnahme des zu errichtenden Landwirtschaftlichen Instituts (...) verfügt hat; so trage ich* der *gedachten Behörde auf, wegen zweckmäßiger Einrichtung des Instituts (...) sich zu beratschlagen. Ich rechne auf den Mir bekannten Eifer der Mitglieder der Centralstelle, daß dies alles auf eine dem Zwecke der Anstalt entsprechende Weise, mit Berücksichti-*

*gung des Etats sofort eingeleitet und bald möglichst ausgeführt werde. Der Director Schwerz, welcher den gewöhnlichen Sitzungen der Centralstelle nicht beyzuwohnen pflegt, würde zu diesen Verhandlungen hinzugezogen werden müssen. (...)«*[192] (Abb. 47/48). Zudem unterstützte sie die Einrichtung des neuen Landwirtschaftlichen Instituts mit 1.000 Gulden aus ihrer Privatkasse zur Anschaffung von wissenschaftlichen und technischen Instrumenten[193] (Abb. 49). War die Landwirtschaftliche Bildungsanstalt offiziell eine Gründung von Wilhelm I., so hatte Catharina auch hier wieder maßgeblich organisatorisch und finanziell unterstützt und ein vergleichbares Engagement wie bei der Führung des Wohltätigkeitsvereins gezeigt[194].

Die Umsetzung des Strukturwandels in der Landwirtschaft lässt sich beispielhaft an der weiteren Entwicklung des Weinbaus unter Catharina und Wilhelm I. erkennen. Parallel zu der Ausbildung am Landwirtschaftlichen Institut ließ Wilhelm I. auf seinen privaten Domänen eigene Mustergüter anlegen, wo er die neuesten Pflanzen- und Tierzuchten sowie Anbaumethoden erprobte[195]. So gehörten dem Königshaus u.a. die Rebflächen am Mundelsheimer Käsberg und dem Untertürkheimer Mönchberg. Erstmals ab 1820 ließ Wilhelm I. die Reben sortenrein anpflanzen und die im Rheingau neu erworbene Riesling-Reben ausprobieren. Diese erwiesen sich für den Anbau in Württemberg als ausgesprochen geeignet[196] (Abb. 50/51). Zudem ließ er die Verarbeitungsmethoden der Trauben überarbeiten und neue Geräte wie Gärzuber, Pressen oder auch Traubenraspel entwickeln. Regelmäßig ließ er sich über die Erfolge durch Abfragen der Hofdomänenkammer unterrichten und erließ die Vorgabe, nur mehr sortenrein anzupflanzen. Trotz der damit erzielten Erfolge in Anbau und Verarbeitung in den königlichen Mustergütern war der Großteil der Weingärtner und Winzer nur schwer zu überzeugen, da diese die finanzielle Last einer kompletten Anbau-Umstellung fürchteten[197].

192  Schreiben Catharinas vom 27. Juli 1818, StAL E 171 Bü 197. Ebenso unterrichtete Präsident von Malchus Catharina in einem Schreiben vom 30. Juli 1818 (als Antwort auf einem Brief Catharinas vom 22. Juli 1818): »(...) Euer Königliche Majestät (...) Allerhöchstdieselben haben die gnädigste Genehmigung ertheilt, daß die erste Einrichtung für das Institut sowie der Bedarf für das erste Jahr (...) festgesetzt werden. (...) habe ich dem Baurath Barth aufgegeben unter Rücksprache mit dem Hof- und Domänenrath Seyffer über die nothwendigen Baueinrichtungen gleichbald einen Überschlag zu fertigen, um jene Einrichtungen unverzüglich vornehmen zu können. Der Kameral-Verwalter in Nellingen ist angewiesen worden der Commune Birkach den von ihr gepachteten Carlshof abzunehmen und nebst dem Hohenheimer Maiereigut, der Garbenwirtschaft, der oberen und unteren Mühle und den dazugehörenden Gütern, sowie den einzelnen verpachteten Gütern zu Hohenheim und die ehemaligen Anlagen (...) an den Direktor des Landwirtschaftlichen Instituts (...) zu übergeben (...). Ich habe die Central-Stelle des landwirtschaftlichen Vereins hiervon ebenfalls in Kenntniß gesetzt, und werde alles was von mir abhängt anwenden, um die Ausführung dieser Einrichtung möglichst zu beschleunigen (...)«, vgl. Schreiben des Präsidenten von Malchus an Catharina vom 30. Juli 1818, HStA E 171 Bü 197. Ebenso ließ sie sich den »Entwurf zu einer Ankündigung in die In- und Ausländischen Zeitungen, die Einrichtung eines Landwirtschaftlichen Instituts in Hohenheim betreffend« vorlegen, den sie dann handschriftlich ergänzte und korrigierte, vgl. Entwurf vom 5. August 1818 StAL E 171 Bü 197.

193  So unterrichtet Catharina die Central-Stelle des Landwirtschaftlichen Vereins am 27. Juli 1818: »(...) Um auch Meinerseits zur baldigen Einrichtung des in Hohenheim zu etablierenden landwirtschaftlichen Instituts beyzutragen, habe ich befohlen aus Meiner Privatkasse Eintausend Gulden für diese Lehranstalt auszuzahlen. ich gebe der Centralstelle davon hiermit Nachricht indem ich Meine Absicht äußere, daß diese Summe zur Anschaffung mathematischer und physicalischer Instrumente und Apparate verwendet werden möge. (...)«, Schreiben Catharinas vom 27. Juli 1818, StAL E 171 Bü 197.

194  So lautete die offizielle »Pressemeldung«: »(...) Seine Königliche Majestät haben zur Beförderung der Landwirtschaft eine Landwirthschaftliche Lehr-Anstalt gegründet (...). Dieses Institut, in welchem theoretisch-praktische Landwirthe

gebildet werden sollen, ist sowohl für Inländer als auch Ausländer bestimmt. Es soll neben dem Unterrichts-Zwecke, zugleich die wichtigsten landwirthschaftlichen Versuche anstellen, fremde Erfahrungen prüfen, den Anbau aller Getreid-, Futter- und Gewerb-Pflanzen, welche das deutsche Klima vertragen, zeigen, die wichtigsten Fragen über die Felder-Eintheilung oder den Fruchtwechsel durch eine vorurtheilsfreie ins Große getriebene, eine Reihe von Jahren durchgesetzte Vergleichung lösen, und alle durch Erfahrung bestätigten Fortschritte in der Landwirthschaft verbreiten und bekannt machen. Die ganze Anstalt steht unter der Landwirthschaftlichen Central-Stelle in Stuttgart. Als Director ist derselben (...) Regierungsrath J.R. Schwerz vorgesetzt, welcher zugleich alle Zweige der Landwirtschaft und die landwirthschaftliche Buchhaltung theoretisch und praktisch vortragen wird. Für die Hülfswissenschaften, Botanik, Physik, Chemie, Mathematik usw. sind eigene Lehrer aufgestellt. Der Unterricht nimmt dieses Jahr am 20., künftighin aber am 1. November seinen Anfang (...)«, Druck der Ankündigung vom 21. August 1818, StAL E 171 Bü 197.

195  So wurden zum Beispiel in der Meierei unterhalb von Schloss Rosenstein neue Rinderrassen gezüchtet und auf der Meierei am Schloss Favorite in Ludwigsburg die Züchtung und Ansiedlung von Kaschmirziegen, Yaks und Mufflons erprobt, vgl. Julius Schnorr: König Wilhelm von Württemberg in seinen ländlichen Beschäftigungen, Stuttgart 1865.

196  1824 gehörten der Hofdomänenkammer bzw. dem königlichen Haus rund 22 Hektar Weinberge, die bis 1867 auf rund 30 Hektar stiegen; hierzu gehörten die besten Lage im Königreich: Untertürkheim, Uhlbach, Mundelsheim, Kleinheppach und Stetten; ferner die als eher mittelmäßig beurteilten Lagen in Cannstatt und Hohenhaslach. Vgl. Fritz, 1994, S. 30.

197  Bei einer königlichen Abfrage 1824 in den Ämtern der Hofdomänenkammer, in denen Weinbau betrieben wurde, stellte sich heraus, dass zum großen Teil immer noch nicht sortenrein angebaut wurde: so fanden sich in Mundelsheim auf 2,3 Hektar die Sorten Trollinger, Roter Elbling, weißer Elbling, Muskateller, Veltliner, Futterer, Gutedel, Silvaner, Gänsfüßer und Klevener; in Hohenhaslach auf 3,7 Hektar die Sorten Schwarzwelsche, Trollinger, roter und weißer Elbling, Silvaner, Gutedel, Veltliner, Muskateller, Futterer und der neue Riesling, vgl. Fritz, 2017, S. 152/153.

2)

Vor bei das Centralstelle des landwirthschaftl. Vereins
d. 31. Jul. 1818.
nro. 303.


An die Centralstelle des landwirthschaftlichen
Vereins.


Da des König Majestät nunmehr definitiv die
Domaine Hohenheim zur Aufnahme des zu errichtenden landwirthschaftlichen Instituts bestimmt,
und nach Anleitung der von der Centralstelle
zuletzt gemachten Anträge vorläufig die zum
Localhof gehörenden Güter für die Muster-
Wirthschaft abzutreten verfügt hat: so trage
Ich der gedachten Behörde auf, wegen zweckmäßiger Einrichtung des Instituts und Herbey-
schaffung der für die Meierey erforderlichen
Gebäuschaften, des Wirthsandes etc: sich zu be-
rathschlagen. Ich werde auch den Mir bekannten

10

27. Jul. 18. Hofrath

88

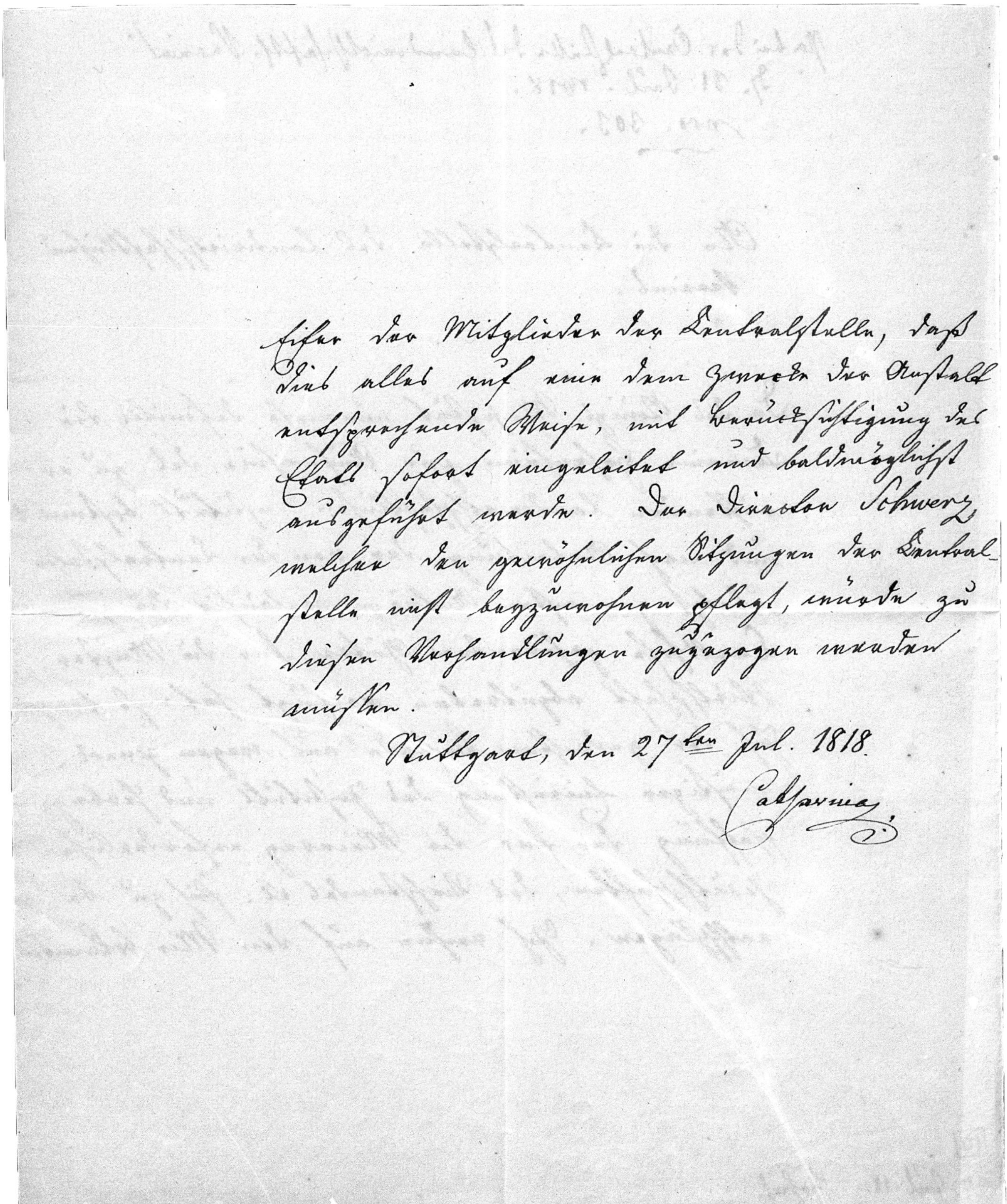

sicher der Mitglieder der Zentralstelle, daß
Sie alles nach reiner dem Zwecke der Anstalt
entsprechende Weise, mit Berücksichtigung der
Orte sofort eingeleitet und baldmöglichst
ausgeführt werde. Der Direktor Schwerz,
welcher den gewöhnlichen Sitzungen der Zentralstelle nicht beizuwohnen pflegt, würde zu
diesen Verhandlungen zugezogen werden
müssen.

Stuttgart, den 27ten Jul. 1818.

Catharina

Abb. 47/48
**Schreiben Catharinas**
an die Mitglieder der Zentralstelle des Landwirtschaftlichen Vereins vom 27. Juli 1818
Archivalie StAL E 171 Bü 197
*Copyright: StAL*

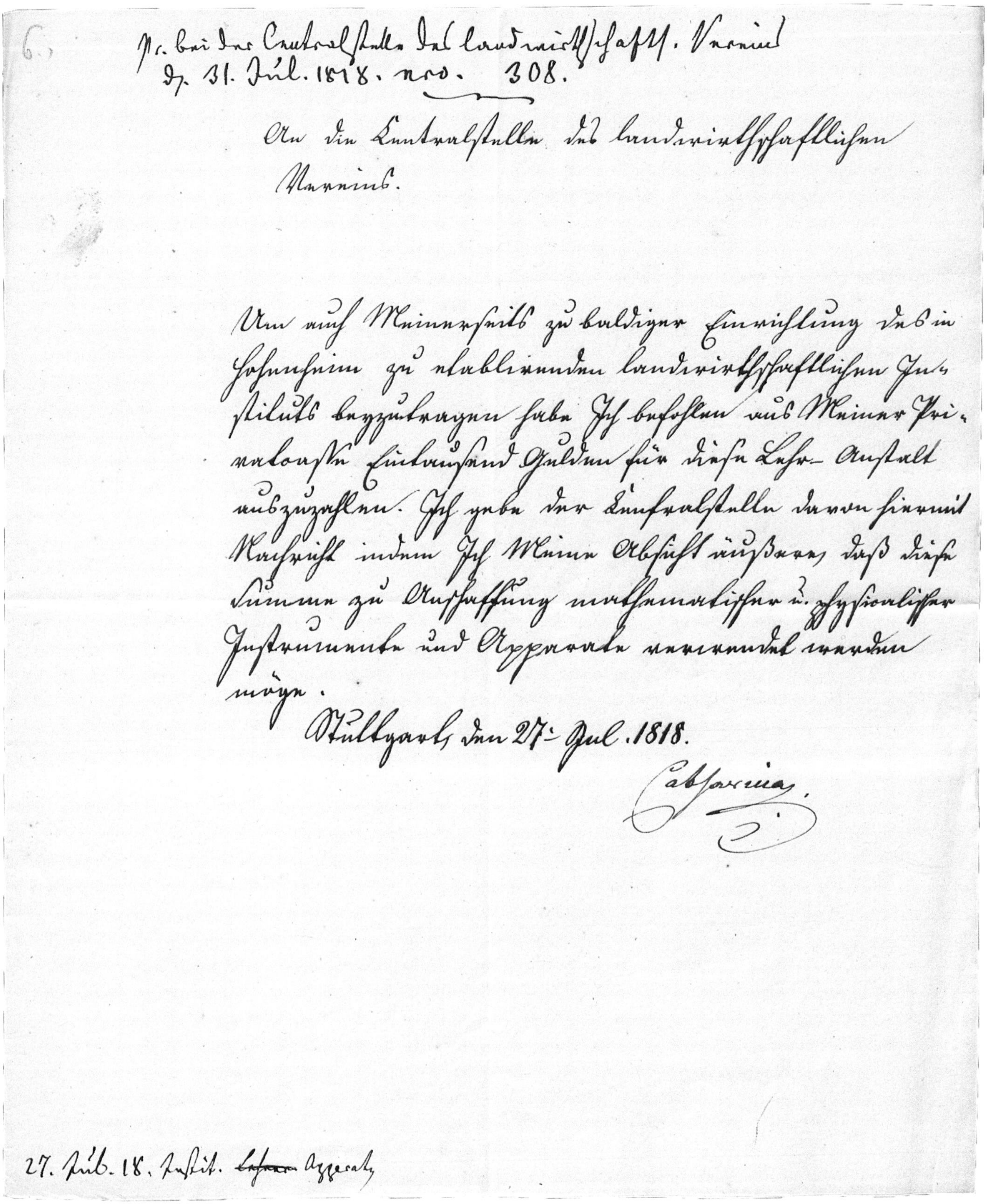

6.

Pr. bei der Centralstelle des landwirthschaftl. Vereins
d. 31. Jul. 1818. nro. 308.

An die Centralstelle des landwirthschaftlichen
Vereins.

Um auch Meinerseits zu baldiger Einrichtung des in
Hohenheim zu etablierenden landwirthschaftlichen Instituts beyzutragen habe Ich beschlossen aus Meiner Pri-
vatcasse Eintausend Gulden für diese Lehr- Anstalt
auszuzahlen. Ich gebe der Centralstelle davon hiermit
Nachricht indem Ich Meine Absicht ausdrücke, daß diese
Summe zu Anschaffung mechanischer u. physicalischer
Instrumente und Apparate verwendet werden
möge.

Stuttgart den 27t Jul. 1818.

Catharina.

27. Jul. 18. Institut. Lehrer Apparate

Abb. 49

**Schreiben Catharinas**

an die Mitglieder der Zentralstelle des Landwirtschaftlichen Vereins über die Bereitstellung
von 1000 Gulden aus ihrer Privatkasse zur Anschaffung von Geräten vom 27. Juli 1818
Archivalie StAL E 171 Bü 197
*Copyright: StAL*

Zur Erhöhung der Akzeptanz der Maßnahmen wurde 1825 die »Gesellschaft zur Verbesserung des Weinbaus« gegründet, der zunächst aber nur Weinbergbesitzer angehörten, welche sich eine Umstellung finanziell leisten konnten und oftmals z. B. als Beamte ohnehin in (guter) Beziehung zum königlichen Hof standen (oder zukünftig stehen wollten). Auf Wunsch Wilhelms I. sollten diese mit gutem Beispiel vorangehen und ihre Weinberge sortenrein und nach den neusten Methoden kultivieren; ihre Erfahrungen sollten sie dann über den landwirtschaftlichen Verein und in öffentlichen Schriften weiter kommunizieren. In Hoffnung auf höhere Gewinne durch qualitätvolle und teurere Weine sowie die Steigerung der königlichen Gunst waren die Grundbesitzer durchaus geneigt, die gewünschte Umstellung in ihren Weinbergen anzugehen.

Das königliche Haus bzw. die königlichen Mustergüter nahmen somit die Vorreiter-Rolle in diesem Strukturwandel ein. Schließlich wurde dieser über die wohlhabenden Grundbesitzer, über die Landwirtschaftlichen Vereine und über verschiedenen Publikationen auch in die breite Schicht der Weingärtner getragen. Beispielhaft hierfür ist der württembergische Hof- und Domänenrat Carl Friedrich von Gok, der zahlreiche Schriften zum Weinbau veröffentlichte, so »Die Weinrebe mit ihren Arten und Abarten« (1829), »Über den Weinbau am Bodensee, an dem oberen Neckar und der schwäbischen Alp« (1834) oder auch »Die Wein-Rebe und ihre Früchte« (1836–39). Auch der Tübinger Arzt und Professor Ferdinand Gottlieb von Gmelin hatte 1822 die »Grundsätze der richtigen Behandlung der Trauben bei der Bereitung der Weine in Württemberg und Regeln, nach denen auch andere als die gewöhnlichen Sorten von Weinen und namentlich französische bereitet werden können« veröffentlicht. Außerdem wurde bereits ab 1822 vom Landwirtschaftlichen Verein das »Correspondenzblatt

des Königlich Württembergischen Landwirthschaftlichen Vereins« herausgegeben, das auch überregionale Neuigkeiten und Aufsätze zum Thema Weinbau enthielt[198]. Diese Publikationen waren eher an Weinbergbesitzer gerichtet, die finanziell in der Lage waren, diese Neuerungen in ihrem Weinberg umzusetzen und die neuen Rebsorten anzukaufen. Insbesondere die rote Klevener-Traube und die weiße, aus dem Rheingau importierte Riesling-Traube standen im Mittelpunkt der Bemühungen. Der Strukturwandel im Weinbau war somit zu Beginn von der wirtschaftlichen Ober- und Beamtenschicht und dem königlichen Haus getragen, wodurch zunächst auch nur ein kleiner Teil des Weinertrags in Württemberg eine Qualitätsverbesserung erzielte. Dies reichte jedoch aus, um die Schaumweinproduktion in Württemberg anzustoßen und dauerhaft als Wirtschaftszweig zu etablieren[199].

Der Großteil der Weingärtner, die nur über eine kleine Fläche verfügten oder nur Pächter waren, standen den Umstellungen jedoch nach wie vor zögerlich gegenüber. Da diese Familien im Durchschnitt nur über eine Fläche von 0,36 Hektar verfügten – was für die Existenz einer Familie gerade ausreichend war –, gab es weder räumliche, noch personelle oder finanzielle Reserven für »Experimente«. Zudem waren die Familien auch finanziell kaum in der Lage, neue Rebsorten zu importieren oder in neue Werkzeuge zu investieren. Auch bestand überwiegend noch immer ein extrem komplexes System an Abgaben, dem die Weingärtner unterworfen waren[200]. Mit Gesetzen u. a. zur Auflösung des feudalen Systems und dem damit verbundenen Übergang der Agrarfläche in das Eigentum der Bauern sowie dem Wegfall des Abgabesystems versuchte Wilhelm I., diese Hürde im landwirtschaftlichen Strukturwandel zunehmend aufzuheben. Auch der Zunftzwang fiel weg, womit die Weingärtner und Winzer unabhängiger und individueller in

198 So veröffentlichte der »Oberamtsarzt Dr. Lechler aus Leonberg« 1836 einen Aufsatz mit der Frage, ob Steinfässer zur Weingärung eine mögliche Alternative zu den Eichenholzfässern wären, da seinerzeit die Kosten für Eichenholz stark gestiegen waren, vgl. Correspondenzblatt des Königlich Württembergischen Landwirthschaftlichen Vereins, Bd. 1, 1836, S. 134 ff.

199 Der Württemberger Georg Christian Kessler, welcher zuvor in der Champagne bei der Witwe Cliquot gelernt hatte, eröffnete 1826 eine Schaumweinfabrik in Esslingen, wobei er die benötigten hochwertigen Trauben (Klevener, Riesling und Elbling) zum großen Teil aus den Weinbergen der Königlichen Domänen im Umkreis bezog, da diese eine gleichbleibend hohe Qualität sicherten. In kürzester Zeit

wurden dort jährlich 80.000 Flaschen produziert und im In- und Ausland verkauft. 1840 wurde die »Schaumweinfirma Engelmann und Cie.« in Stuttgart gegründet und in den folgenden Jahren ebenso in Stuttgart die »Champagnerfabrik Adolf Reihlen«, ferner noch die Firmen »Mittler und Eckhardt« und »L. Meurer«. Stuttgart stellte hierbei zunehmend Schaumweine für den Export nach Übersee her. Vgl. Fritz, 2017, S. 155–158.

200 Zum Teil waren die Weingärtner an mehrere Personen abgabepflichtig und mussten in Hundertsten-Anteilen Abgaben leisten, was hochkomplex und oftmals kaum mehr nachvollziehbar war, da die Grundlagen schon entfallen waren. Vgl. Fritz, 1994, S. 24.

Abb. 50
Carl Friedrich Heinzmann:
**Weinlese am Rotenberg**
1841, (nach einer Zeichnung von August Seyffer
von 1813)
Fotografie um 1930, Original im Zweiten Weltkrieg in der
Königlichen Hofbibliothek Stuttgart verbrannt
*Copyright: Bildarchiv Foto Marburg/Landesamt für
Denkmalpflege Esslingen*

der Bearbeitung der Weinberge wurden. Zudem
wurden auf Initiative der Weinverbesserungsge-
sellschaft Schnittlinge der qualitätsvolleren Rebsorten kostenfrei an die Weingärtner verteilt, damit diese den nach wie vor beliebten »gemischten Satz« (eine Mischung verschiedener Trauben)
in der Qualität bereichern bzw. heben sollten.
Bis zur Mitte des 19. Jh. waren rund 19 Millionen
Schnittlinge verteilt worden. Auch die Trauben-
raspeln verbreiteten sich zunehmend, dennoch
war die qualitätsmindernde Verarbeitung der
Trauben durch Zertreten und Stampfen sowie das

Abb. 52
Bernhard Dietrich Funke (nach Rudolf Suhrland):
**Die Prinzen Peter Georg Paul Alexander und Konstantin Friedrich Peter von Oldenburg**
um 1827
(Peters links, Alexander rechts)
Stiftung Schloss Eutin, Eutin
*Copyright: Stiftung Schloss Eutin*

Abb. 53
Franz Seraph Stirnbrand:
**Prinzessin Marie von Württemberg**
um 1835
Landesmuseum Württemberg Stuttgart
*Copyright: Landesmuseum Württemberg,*
*P. Frankenstein / H. Zwietasch*

Abb. 54
Franz Xaver Winterhalter:
**Sophie von Württemberg,**
**Königin der Niederlande**
1863
Königliche Sammlung der Niederlande Den Haag
*Copyright: Königliche Sammlung der Niederlande*

seiner Frau gibt es keine erhaltenen verlässlichen Quellen, nur von Catharinas Sohn Peter gibt es einen kurzen Eindruck über den Verlust der Mutter[213].

Testamentarisch vermachte Catharina ihr beträchtliches Vermögen ihrem Mann und den vier Kindern, und bedachte auch ihre Vertrauten und die Dienerschaft am Hof in Stuttgart, St. Petersburg und Moskau[214]. So vererbte Catharina ihrer Familie insgesamt rund zwei Millionen Rubel in bar oder als Kapitaleinlagen, wovon Wilhelm allein eine Million erhielt und die übrige Summe zwischen ihren vier Kindern aufgeteilt wurden;

den Mitgliedern ihres Hofstaats in Stuttgart und des ehemaligen Hofstaats in St. Petersburg und Moskau setzte Catharina jährliche Pensionen von insgesamt über 50.000 Rubel aus[215]. Die beiden gemeinsamen Töchter wuchsen bei Wilhelm I. auf[216], während die beiden Söhne Catharinas Im August 1820 Stuttgart verließen und zu ihrem Großvater, dem Herzog Peter Friedrich Ludwig, nach Oldenburg zurückkehrten[217]. Wie Catharina gewünscht hatte, blieb der Kontakt zu Wilhelm I. und den beiden Halbschwestern bestehen und wurde durch regelmäßige Besuche und Briefe gepflegt[218]. Während der ältere Sohn Alexander

213 So berichtet die Tochter Kathinka von Catharinas Privatsekretär Buschmann über den Tod Catharinas: »(...) Lehrer und Erzieher bemühten sich, ihnen (Anm. den Söhnen) dann, soweit das eben unserer menschlichen Einsicht möglich ist, und den kindlichen Gemütern ihrer Zöglinge verständlich war, diese großen Rätsel zu lösen. Inwieweit es ihnen gelungen ist, beweist folgendes Vorkommnis: Der sechsjährige Prinz Peter bat einstens seinen Erzieher, sich einschließen zu dürfen. Auf die Frage zu welchem Zweck, erwiderte er, er wolle etwas aufschreiben und wünsche ganz ungestört dabei zu sein. Da ihm darauf die erbetene Erlaubnis erteilt wurde, zog er sich auf längere Zeit in sein Zimmer zurück und brachte dann folgenden kleinen Aufsatz seinem Lehrer. H.K. (Anm. Hofrat Enoch Christian (von) Kieser, Lehrer der Prinzen von 1816–1830) bezeigte dem Kleinen seine Zufriedenheit und ermunterte ihn, dieselbe dem König mitzuteilen, was auch geschah. Eine Abschrift, welche damals mein Vetter F.B. (Anm. Friedrich Buschmann) genommen (...) steht hier daneben: »Rede über den Tod meiner Mutter. Geschrieben von ihrem Sohn Peter. Allvater! Ich weiß nicht, warum Du mir meine gute Mutter und meinen guten Vater genommen hast, auch mich zu einem Waisen gemacht hast, aber wenn ich auch hinüberkomme, wo sie sind, werde ich es schon einmal erfahren, doch wenn du auch alle Verwandten genommen hast, so ist der Trost immer, wenn man denkt, du bist der Gott, der alles siet, und es von dir gekommen sey, und alles gut ist, was du thust. Der Arme wenn Hunger und Durst ihn plagt dann ist seyn einziger Trost, wenn er denkt, wenn ich sterbe, so höre das reichseyn und armseyn auf, dann sind alle gleich reich und gleich arm, da ist der reicher der frommer gelebt hat und ärmer der schlechter gelebt hat. Meine gute Mutter und mein guter Vater sind gewiß sehr reich. (...)«, vgl. Schieckel, 1995, S. 290 und 293.
214 Vgl. das Testament Catharinas, darin auch eine Liste mit den ausgesetzten Pensionen für frühere Bedienstete in Stuttgart, St. Petersburg und Moskau, HStA Q 3/22 Bü 6.
215 Die Details des Testaments, worin Catharina ihr Vermögen sowie private Objekte vermacht, finden sich unter HStA Q 3/22 Bü 6.
Catharina musste bei der Testaments-Erstellung 1817 laut Hofgesetz Wilhelm I. offiziell davon in Kenntnis setzen: »Allerdurchlauchtigster, Großmächtigster König, Allgnädigster König und Herr, freundlich viel geliebter Gemahl! Im Hinblicke auf den unerforschlichen Rathschluß (Anm. durchgestrichen und durch »Wirken« ersetzt) der Vorsehung, habe ich den Entschluß gefaßt, meine letzte Willens Verordnung aufzusetzen. Von diesem Ackte habe ich nach den Bestimmungen des Königlichen Hausgesetzes vom 1. Januar 1808 (§ 35) Euer Königlichen Majestät Anzeige zu machen. Ich erfülle diese Pflicht hiermit mit dem Gefühle der innigsten Anhänglichkeit und Liebe, das mich für Euer Majestät beseelt und nur mit meinem Leben aufhören kann. Mit diesen Gesinnungen (...) der tiefsten Ehrerbietung und zärtlichsten

Freundschaft in uns, verbleibe ich Euer Königlichen Majestät unterthänig und treu ergebenste Gemahlin, Catherine«, Brief Catharinas an Wilhelm I. vom 17. Januar 1817, HStA Q 3/22 Bü 6.
Das Testament hatte Catharina bereits am 17. Januar 1817 gemacht; dies war nicht ungewöhnlich in adeligen Kreisen bzw. bei Personen mit Vermögen, da der Tod auch im Hochadel u. a. durch regelmäßig grassierende Epidemien präsent war, und Frauen zudem häufig in der Schwangerschaft, bei der Geburt bzw. im Wochenbett verstarben. Catharinas Schwestern Helena und Alexandra waren beide 1803 und 1801 noch sehr jung kurz nach der Geburt ihrer Kinder verstorben.
216 Die ältere Tochter Marie Friederike Charlotte (1816–1887) heiratete 1840 den verwitweten Grafen Alfred Franz Camill Karl August von Neipperg (1807–1865) und gehörte weiter dem württembergischen Hof an; die Ehe blieb kinderlos und Marie engagierte sich sozial, u. a. in der bis heute bestehenden Kinderpflege- und Nothilfeanstalt Marienpflege in Ellwangen, die sie seit 1830 unterstützte. Die jüngere Tochter Sophie Friederike Mathilde (1818–1877) heiratete 1839 ihren Cousin und niederländischen Kronprinzen Wilhelm von Oranien (1817–1890); der unglücklichen Verbindung entstammten drei Söhne. Sophie hielt sich häufig am Stuttgarter Hof und war politisch, sozial und kulturell sehr interessiert und engagiert, vgl. Patricia Peschel: Schön, gebildet, engagiert und eine Cosmopolitin – Prinzessin Sophie von Württemberg, in: Schlösser Baden-Württemberg, hg. vom Staatsanzeiger für Baden-Württemberg, 03/2019, S. 24–27.
217 Bereits am 17. Januar 1819 schrieb der Herzog von Oldenburg an Wilhelm I. und kündigte ihm die Ankunft seines Abgesandten, den Oberappellations-Gerichtsrat von Berg, in Stuttgart an, da dieser als Bevollmächtigter des Herzogs alle Angelegenheiten der Vormundschaft der beiden Prinzen klären und organisieren sollte, vgl. Brief des Herzogs von Oldenburg an Wilhelm I. vom 17. Januar 1819, HStA E 14 Bü 34.
Die Prinzen kehrten jedoch erst Anfang August 1820 nach Oldenburg zurück, wobei sie neben ihren Privat-Lehrern und Catharinas Privat-Sekretär Buschmann von ihrer Stuttgarter Dienerschaft begleitet wurden. Buschmann organisierte noch von Stuttgart aus die Einrichtung des Prinzen-Palais in Oldenburg, die nötige zusätzliche Dienerschaft und den Transport des Eigentums der Prinzen. Hierzu gehörten 24 Kisten, allein zehn davon mit Büchern des Prinzen Alexander, sowie u. a. ferner zwei Schaukelpferde, ein Fortepiano, Uhren und Silbergeschirr. Vgl. Korrespondenz des Privat-Sekretärs Buschmann mit dem Hof in Oldenburg zwischen 30. Juni und 5. August 1820, Niedersächsisches Landesarchiv (NLA) Oldenburg, Bestand 10.3. Nr. 14a.
218 Catharina hatte gewünscht: »(...) Die Prinzen, ihre Söhne, sollten zunächst zu ihrem Großvater, dem Herzog von Oldenburg und später nach vollendeter Erziehung nach Rußland gehen, doch immer von Zeit zu Zeit nach Württemberg

schon mit neunzehn Jahren am 16. November 1829 an (Wund-)Starrkrampf (Tetanus) starb[219], wurde der jüngere Sohn Peter bis 1830 am Oldenburger Hof ausgebildet und kehrte dann an den russischen Zarenhof zurück. Nach einer Ausbildung im dortigen Militärdienst, trat er 1834 in den zivilen Staatsdienst und engagierte sich zunehmend in sozialen Fragen und war zeit seines Lebens sehr stark wohltätig engagiert[220].

Der Tod Catharinas kam für die Familie, aber auch für den Hof und der Öffentlichkeit umso überraschender, da ihre vorherige Krankheit kaum bekannt geworden war: »(...) Die unbedeutend scheinende Unpäßlichkeit der Monarchin war nur wenigen im Publikum bekannt geworden (...) Ohne Gefahr zu ahnen, hatten bei dem leichten, aber hartnäckigen rheumatischen Fieber, zu dem am 7ten sich die Gesichtsrose gesellte, die königlichen Leibärzte den Leibwundarzt, Hrn. V. Hardeck, aus Ludwigsburg berufen, den die Königin noch begrüßte, als er in ihrem Gemache erschien. Der Monarch entfernte sich beruhigt, und die Königin sandte ihre Kammerfrau auf einen Augenblick zu ihren Kindern, von denen die älteste Prinzeß, Maria, sich auch nicht ganz wohl befand, und versprach, sich bis zu ihrer Zurückkunft gut zugedeckt und ruhig zu verhalten. Kurz nachdem diese zurückgekehrt war, bemerkte sie, daß die Königin in einer Phantasie mit ihren Kindern beschäftigt sey und irre rede: es warf sich die Rose plötzlich auf das Gehirn und führte einen Schlagfluß herbei; und der herbeieilende Monarch schloß trostlos die entseelte Hülle der Gattin in seine Arme an dem nämlichen Tage, an welchem er drei Jahre früher entzückt die blühende Braut an sein Herz geschlossen hatte (...)«[221]. Die Gattin des Privatsekretärs von Catharina, Johanna Buschmann, schrieb am 16. Januar ihrer Schwester: »(...) diese Frau, noch vor vierzehn Tagen in ihrer schönsten Blüte prangend, mit aller Hoheit, deren schönster Schmuck der Adel ihrer Seele war, (...) liegt jetzt der Verwesung übergeben, ewig, ewig, ohne Wiederkehr! Gott muß wohl große und weise Absichten gehabt haben, die wir kurzsichtige Menschen nicht ergründen. (...) Den alten, würdigen Herzog, der sie anbetete (Anm. der Herzog von Oldenburg, Catharinas Schwiegervater aus erster Ehe) und den sie unbeschreiblich verehrte, mag ich mir in seinem Kummer nicht denken (...). Die kaiserliche Familie wird es tief empfinden, und ganz Rußland den Schmerz teilen, so groß und so einzig sie dastand, eben so einzig wurde sie auch geliebt und verehrt. Wohl dem, der so lebte, starb und solch ein Andenken hinterließ wie diese engelsgleiche Frau! (...)«[222].

Während das Königreich in Trauer um die verstorbene Königin verfiel, stellte sich bei den von ihr gegründeten und teilweise auch geführten Institutionen die Frage nach dem Fortgang der Arbeit. So berief August von Hartmann als stellvertretender Vorsitzender der Zentralleitung des Wohltätigkeitsvereins schon am 11. Januar 1819

zum Besuch zurückkehren, um dem Königshaus sich nicht zu entfremden (...)«, vgl. Schieckel, 1995, S. 290. Die Prinzen hielten weiterhin engen Kontakt zu Wilhelm I. und den beiden Halbschwestern und verbrachten alle zwei Jahre den Sommer in Stuttgart und legten bei Durchreisen immer einen Zwischenstopp in Stuttgart ein. Vgl. Stefan Lehr: Prinz Peter von Oldenburg, in: Ausst.-Kat. Die Vier Unvergesslichen – das russische Zarenhaus und der Oldenburger Hof in der Zeit von Lavater und Tischbein, hg. von Anna Heinze/Stefan Lehr, Landesmuseum für Kunst- und Kulturgeschichte Oldenburg, Oldenburg 2020, S. 64–80.

219  Vgl. »Protocoll über die wegen des Ablebens I.H.D. des Prinzen Friedr. Paul Alexander von Oldenburg stattgefundene Leichenschau«, darin nur die Bestätigung des Todes aufgrund von »Starrkrampf« um 9.00 Uhr morgens am 6. November 1829, unterzeichnet u.a. von den aus Stuttgart nach Oldenburg übersiedelten Lehrer Martini und Kieser und von dem Privat-Sekretär Buschmann, vgl. Niedersächsisches Landesarchiv (NLA) Oldenburg, Bestand 30–11–11 Nr. 4.

220  1835 gründete er aus privater Initiative die »Kaiserliche Rechtsschule« in St. Petersburg und 1836 in Oldenburg eine höhere Mädchenschule (Cäcilienschule). Ab 1838 beschäftigte er sich zunehmend mit sozialen Angelegenheiten im russischen Kaiserreich und baute deren Institutionen aus; er war Mitglied in diversen Vorständen von sozialen und bildungspolitischen Institutionen (Waisenhäuser, Lehranstalten, Krankenhäuser). 1845 übernahm er den Vorsitz des Hauptrates aller Frauen-Lehranstalten Russlands und wurdew somit Leiter aller Mädchenschulen des Landes.

1858 gründete er das erste öffentliche Mädchengymnasium Russlands; 1859 gründete er das Krankenhaus Pokrovskaja-Bolniza. 1860 übernahm er unter Vorsitz der Zarin die Hauptverwaltung aller Wohltätigkeits- und Erziehungseinrichtungen Russlands. Er trat für eine verstärkte Förderung von Bildung und Wissenschaft ein und initiierte 1880 die »Gründung der Russischen Gesellschaft für internationales Recht«. Aufgrund seines große sozialen Engagements wurde für Peter 1889 ein Denkmal vor dem von ihm jahrelang protegierten Marienkrankenhaus für Arme in St. Petersburg enthüllt, vgl. Lehr, 2020, S. 64–80.

Peter hielt bis zum Tod von Wilhelm I. mit diesem Kontakt und veröffentlichte anlässlich des Todes von ihm 1864 eine Elegie, worin er den König u.a. lobte: »(...) Hat mir das herbe Geschick schon früh den Vater entrissen, warst wir ein Vater Du stets liebend und freundlich für mich, Laß mich die Wortes des Dankes, genetzt von Tränen der Wemuth, Niederlegen auf's Grab, das mit der Mutter dich eint! (...)«, »Elegie auf den Tod Wilhelm I. von Württemberg. Niedergelegt auf der Königl. Gruft auf dem Rothenberg von Se. Kaiserliche Hoheit dem Prinzen Peter von Oldenburg«, HStA G 268 Bü 27.

221  Zitiert nach: Zeitung für die elegante Welt, Bd. 120, 22. Juni 1819, S. 955ff. Catharina starb genau drei Jahre nach ihrer Verlobung mit Wilhelm (am 9. Januar 1816). Im Juni 1819 erschien in dieser Zeitung in elf Folgen eine der ersten Biografien Catharinas, die von dem Schriftsteller Georg (von) Rheinbeck, Mitredakteur der Zeitung und Schwiegersohn von August von Hartmann, verfasst wurde.

222  Brief abgedruckt in: Schieckel, 1992, S. 292.

alle Mitglieder zu einer »Dringlichkeitssitzung« am nächsten Tag ein: »(...) Der Unterzeichnete wünscht, daß sämtliche hocherverehrende Mitglieder der Central Stelle des Wohltätigkeitsvereins sich morgen an dem gewöhnlichen Sitzungs Tage vollständig versammeln möchten. Es ist die wichtige Frage zu lösen, wie wir ohne Sie, die uns alles war, in Ihrem Geiste fortwirken, wie wir Ihr Andenken durch fortgesetzte Tätigkeit wahren und alle Ihre Saaten, die zum Theil noch im Keim liegen, mit der sorgsamsten Pflege zur Entwicklung bringen wollen. Hartmann (...)«[223] (Abb. 55).

Am 12. Januar trafen sich die Mitglieder und es wurde die Frage anhand eines Vortrags des Oberrechnungsrat Ludwig diskutiert: »Wie kann die Central Leitung des W.V. noch ferner im Sinne der in ein besseres Leben versetzte, erhabene Stifterin, der Höchstseligen Königin Majestät, fortwirken? (...) Wir versammeln uns heute, tief erschüttert über den allzufrühen und unerwarteten Todt unserer unvergeßlichen Königin, der erhabenen Landes Mutter und geistvollen Fürstin, an der Stätte, wo Sie als Stifterin des Wohltätigkeits Vereins uns so oft das Glück gewährte, Ihren Edlen Sinn für alles Gute, Ihren rastlosen Eifer für die Erreichung der Zwecke des Wohltätigkeits Vereins, Ihre hohe Beurtheilungs Kraft und erlauchtesten Geist zu bewundern, und an den Berathungen Theil zu nehmen, zu dem Ihr Persönliches Ehrenvolles Zutrauen uns berufen hat (...)«[224].

Noch am gleichen Tag hatte Wilhelm I. jedoch schon die Mitglieder der Zentralleitung über den Fortbestand des Wohltätigkeitsvereins informiert, worauf diese sich unverzüglich dafür bei ihm bedankten: »(...) Königliche Majestät! (...) Wie groß, wie unnennbar groß mußte daher unser Schmerz, wie tief unsere Beugung seyn, als die Hand des Allmächtigen uns unser höchstverehrtes und geliebtes Haupt, uns unsere weise und wohlwollende Führerin, dem Volke aber seine Wohlthäterin im edelsten Sinne so schnell und unerwartet entriß. Euer Königliche Majestät tiefe Trauer wird durch die Zerreißung des schönsten Bandes, das die Natur aufzuweisen hat, gerechtfertigt:

unsere innigste, mit Worten nicht auszudrückende Wemuth steht mit jener in Harmonie, durch die heiligen Bande der tiefsten Ehrfurcht, der reinsten Liebe, der gefühltesten Dankbarkeit. Gleich einem Sonnenstrahl, der eine finstere Nacht erhellt, würkte daher unter diesen Bekümmernißen auf unsere Gemüther jene huldvolle Zusicherung, welche Euer Königliche Majestät unseren nunmehrigen Präsidenten, Geheimrath v. Hartmann, in dem gnädigsten Cabinetts Schreiben vom gestrigen Tage dahin zu ertheilen geruhten, daß es für Allerhöchstdieselben heilige Pflicht sey, das Andenken der verewigten Königin Majestät insbesondere durch Erhaltung und sorgfältige Pflege der von Höchstderselben zum Besten des Volks gegründeten und in ihre mütterliche Aufsicht genommene Institute zu ehren. (...) so rufen nun Allerhöchstdieselben ein dem Tode sich näherndes Institut in das Leben zurück; und wenn der Edle Geist, der jenes stiftete, nun der Unsterblichkeit in höheren Sphären theilhaftig geworden ist, so wird auch sein Werk, das er hiernieder nur ersehen, nicht vollenden konnte, durch die großmüthige und treue Pflege des nunmehrigen Beschützers Rechte an gleiche Unsterblichkeit erwerben. Genehmigen Euer Königliche Majestät unseren allertiefsten Dank für jene Herz und Muth erhebende huldvolle Zusicherung: aber genehmigen Sie auch die heiligen Gelübde, die wir an dem Sarge unserer unvergeßlichen Königin vor Allerhöchstdenselben niederlegen, daß unser höchstes Bestreben seyn soll, in Ihrem Geiste fortzuarbeiten und unter Euer Königlichen Majestät kräftigem Schutze mit Anstrengung unserer Kräfte das schöne Werk wo möglich zu der Ihr nicht mehr vergönnten Vollendung zu führen. (...)«[225].

Abb. 55
Schreiben Hartmanns an die Mitglieder der Zentralstelle des Wohltätigkeitsvereins
vom 11.01.1819
Archivalie StAL E 191 Bü 7480
Copyright: StAL

223 Die verschiedenen Mitglieder der Zentralleitung unterzeichneten diese Ausfertigung mit den jeweiligen Anmerkungen zum Erscheinen: so versicherten alle Mitglieder neben ihrer jeweiligen Unterschrift »wird erscheinen«, nur Louise Conradi entschuldigte sich, dass »die Pflege von 9 an den Masern krank liegenden Kindern machen mir die Theilnahme an dieser Versammlung, zu der als einer heiligen Pflicht mein Herz mich zöge, zu meinem unaussprechlichen Schmerz unmöglich« und Pauline von Zeppelin vermerkte, dass »aus besonderer dem Herrn von Hartmann mitgetheilte Ursachen kann ich bis jetzt nicht bestimmen ob ich der schmerzlichen (...) Vereinigung der Central Mitglieder anwohnen kann«, und Hofrat von Kohlhaas vermerkte, dass

»wann immer es ihm möglich erscheine«, er aber »fast den ganzen Tag im Oberhofrath zur Ausübung der traurigsten Dienstgeschäfte anwesend seyn muß. Da auch mehrere Damen nicht erscheinen können, so möchte es vielleicht besser seyn, eine Planaufstellung erst nächsten Dienstag zu veranstalten«. Schreiben Hartmanns an die Mitglieder der Zentralleitung des Wohltätigkeitsvereins vom 11. Januar 1819, StAL E 191 Bü 7480.
224 Protokoll der Sitzung der Centralleitung des Wohltätigkeitsvereins vom 12. Januar 1819, StAL E 191 Bü 7466.
225 Schreiben der Zentralleitung des Wohltätigkeitsvereins an Wilhelm I. vom 12. Januar 1819, StAL E 14 Bü 1208.

1

Der Unterzeichnete wünscht, daß sämtliche Hochzuverehrende Mitglieder der Central Stelle des Wohlthätigkeits Vereins sich Morgen an dem gewöhnlichen Sizungs Tage vollständig versammeln möchten. Es ist die wichtige Frage zu lösen, wie wir ohne Sie, die uns Alles war, in Ihrem Geiste fortwirken, wie wir Ihr Andenken durch fortgesezte Thätigkeit verehren und alle Ihre Saaten die zum Theil noch im Keime liegen, mit der sorgsamsten Pflege zur Entwicklung bringen wollen.

Zugleich theile ich die vom Königl. Oberhofrath erlassenen Anordnungen wegen der Beisezung der Verewigten zur Nachachtung mit. Mich empfehl. Stuttgart d. 11.ten Jan. 1819.

Hartmann.

wird erscheinen Cl. von Schenck

[illegible] Die Pflege von [illegible] den [illegible] krank liegenden Kind[illegible] und die Theilnahme an dieser Versammlung zu der als einer heiligen Pflicht mein Herz mich zögen, zu meinem [illegible] schmerzlichen [illegible] unmöglich. [illegible] Lenore [illegible] Hulda

wird erscheinen Theresia Schüller

Adelheid Abele

wird erscheinen Georgii

wird erscheinen Kerner Pistorius

Auf besonderem dem Herrn v. Hartmann mitgetheilten Wunsch kann ich, bis jezt nicht bestimmen, ob ich der schmerzlichen Versammlung der Central Mitglieder anwohnen kann. Caroline Zeppelin

– wird erscheinen Dinz.

—— Heinrich Lotter.

—— Flatt

Mosthaf

Walther

Der Unt: wird gewiß erscheinen, wenn er keinen Hofdienst bekommt. Ostertag.

Charlotte v. [illegible] wird erscheinen

Centr. Stelle des Wohlthätigkeits Vereins.

3 1819. 11. Janr. 6. Wohlth. V. [illegible]

Die Mitglieder der Zentralleitung hatten den König zudem um eine Bekanntmachung des neuen Vorsitzes und des Fortbestandes des Wohltätigkeits-Vereins gebeten, was Wilhelm I. mit einer öffentlichen Bekanntmachung vom 13. Januar vornahm und darin auch den Fortbestand der übrigen Institutionen versicherte: »(...) *Se. Königliche Majestät die Erhaltung und besondere Pflege sämmtlicher Institute, welche Höchst-Dero verewigte Gemahlin, der Höchstseligen Königin Majestät, zum Besten des Landes gegründet und in Höchst-Ihre landesmütterliche Aufsicht genommen hatte, als eine heilige Pflicht erachtend, haben Sich bewogen gefunden, den Geheimen Rath und Justiz-Minister Frei-Herrn von Maucler die oberste Leitung der von der Höchts-Seligen gestifteten Erziehungs- und Unterrichtsanstalt der weiblichen Jugend, und den Geheimen Rath v. Hartmann das Präsidium der Central-Leitung des Wohltätigkeits- und des land-wirthschaftlichen Vereins, so wie die oberste Aufsicht über sämmtliche mit diesen Instituten in Verbindung stehende Anstalten zu übertragen, um in den Geiste ihrer erhabenen Stifterin, und nach deren menschen-freundlichen und wohlwollenden Absichten, über die Interessen und das fernere Gedeihen dieser Institute zu wachen, und Se. Königl. Majestät von dem Zu-stande und den Bedürfnissen derselben zur geeigne-ten Verfügung fortwährend in Kenntniß zu erhalten. Stuttgart, den 13. Januar 1819 (...)*«. Diese Bekannt-machung wurde am 16. Januar 1819 im »König-lich-Württembergischen Staats- und Regierungs-blatt« veröffentlicht[226].

Am 13. Januar hatten auch die Mitglieder der Stuttgarter Lokalleitung des Wohltätigkeitvereins dem König kondoliert und sich für die Fortfüh-rung der Institutionen bedankt: »(...) *Euer König-lichen Majestät, großes Leid, daß jedem Höchst-Ihrer getreuen Unterthanen zu Herzen geht, kann nie-mand endlicher mitfühlen, niemand von der Größe des Verlustes, welchen Allerhöchst-Dieselben durch die Trennung von der edelsten und liebenswürdigsten Gemahlin erlitten haben, und welcher das gesamte Vaterland durch das frühzeitige Hinscheiden einer mit den freundlichsten Eigenschaften und edelsten Vorzügen des Geistes und des Herzens geschmück-ten Königin und Landes-Mutter betroffen hat, schmerzhafter gerührt seyn, als die zu der hiesigen Amts-Leitung des Wohlthätigkeits-Vereins von der höchstseligen Königin Majestät verwendeten Per-*sonen, die das Glückes genoßen, an dem Lieblings-werk der wohlvollendesten Fürstin unter den Augen derselben mitzuarbeiten (...). Die dunkle Sehung, die ein so unaussprechliches und segenvolles in den Ta-gen seiner herrlichsten Blüthe so unerwartet schnell der Erde entrückte, war wie ein betäubender Schlag und stürzte uns in die tiefste herzlichste Betrübniß. In dieser niedergeschlagenen Stimmung mußte es höchstwohlthuend uns angereichen, als Euer König-liche Majestät uns (...) die gnädigste Zusicherung er-theilen ließen, daß die gesamten in der hiesigen Re-sidenz von der verewigten Königin Majestät gestifte-ten Wohlthätigkeits-Anstalten, und auch namentlich die neue Kinder-Beschäftigungsanstalt (...) nach der Aller-Höchsten Willensbezeugung nicht nicht blos fortbestehen, sondern insbesonders auch des Schut-zes und der Unterstützung Euer Königlichen Majes-tät sich zu erfreuen sollen. (...) Mögen die Württem-berger sich hierdurch erinnern lassen, daß man dem Andenken der Unvergeßlichen durch ein Handeln in Ihrem Sinne und Geiste den schönsten, würdigsten Zoll entrichtet; und möge durch ein allgemeines Be-streben das Gedächtnis der besten Königin auf diese Weise zu ehren, zur Besänftigung des Schmerzens, von welchen in diesen Trauertagen das Gemüth Euer Königlichen Majestät durchdrungen ist, doch recht vieles beigetragen werde! Unser Flehen zu Gott um diesen schönen Segen aus der herben Wunde, die alle württembergischen Herzen gemeinschaftlich mit Euer Königlichen Majestät empfangen haben, wir die hohe Verklärte – wir hoffen es zuversichtlich – jen-seits unterstützen. (...)*« [227].

Der Vorstand der Sparcasse kondolierte dem König am 12. Januar: »(...) *Königliche Majestät! Aus dem allgemeinen Inneren erhebt sich mit einigem Recht und unter dem Schutz unserer verklärten Kö-nigin Majestät auch unsere schwache Stimme, um Eur. Königlichen Majestät das tiefste, unaussprech-liche Mit-Gefühl über den (...) Verlust den Eur. König-liche Majestät, den das gesamte Vaterland und die ganze Welt durch den eben so schnellen als nieder-schlagenden Hintritt der großen Königin erlitten hat, in tiefster Devotion sich bezeugen. Ja! Wir fühlen es tief, recht tief was wir an der über alles Lob weit er-habenen Königin verloren haben, wir fragen mit be-wegten Herzen: Warum? finden aber keine Antwort und keinen Trost als in dem großen Gedanken, daß es der Herr über alles ist, der die Tage der Königin gezählt und es ausgesprochen hat: Bis hierher und*

226 Königlich-Württembergisches Staats- und Regierungsblatt, No. 5 vom 16. Januar 1819, S. 3.

227 Schreiben der Stuttgarter Lokalleitung des Wohltätigkeits-vereins an Wilhelm I. vom 13. Januar 1819, vgl. HStA E 14 Bü 1215.

*nicht weiter! Des Herren Wille geschehe! Aber eines ist noch übrig, was wir als Einzelne vor dem Throne kaum zu fragen wagen möchten, daß wir aber in dem Namen der Armuth, die uns von unserer verklärten Königin zur besonderen Sorge empfohlen ist, um so bestimmter auszusprechen, nemlich die große devotest-dringende Bitte, daß doch Eur. Königliche Majestät Ihr Theures Leben der Armuth, dem Vaterland und uns allen um so sorgfältiger zu erhalten geruhen wollen. (...)*«[228]. Auf diesen Wunsch hin ließ Wilhelm I. am 15. Januar den Vorstand der Sparcasse ebenso benachrichtigen, daß »*(...) Seine Majestät den Vorstand dieser Anstalt danken und denselben benachrichtigen lassen, daß Höchstderselbe wegen Erhaltung dieser wie sämmtlicher in Verbindung mit dem Wohltätigkeits-Verein stehender Institute in ihrer bisherigen Wesenheit und nach der Absicht ihrer erhabenen Gründerin bereits geeignete Verfügung erlassen haben, worüber die Central-Leitung des Wohlthätigkeits-Vereins der Direktion der Sparcasse das Nähere erörtern wird. (...)*«[229].

Unabhängig voneinander und noch vor der Entscheidung des Königs baten die Institutionen somit unverzüglich und aus eigener Initiative heraus um die Fortführung ihrer Arbeiten. Dies ist umso bemerkenswerter, als zu diesem Zeitpunkt die größte Not des Hungerjahres 1816/17 bereits überstanden war und die Mitglieder bzw. Vorstände der betreffenden Institutionen ihre Aufgaben ehrenamtlich führten. Es wäre durchaus nachvollziehbar gewesen, wenn alle Beteiligten zunächst das weitere Vorgehen des Königs und dessen Entscheidung zur Fortführung der Anstalten abgewartet hätten. Das Wirken und vor allem wohl auch die Persönlichkeit Catharinas hatten alle Beteiligten aber offensichtlich derart beein-

druckt und motiviert, sodass ein Fortleben ihrer Arbeit als pure Notwendigkeit erschien: »*(...) Catharina, die Unvergeßliche, würdigte uns, die Werkzeuge Ihrer Hocherlauchten und die edelsten Zwecke entstammende Menschenliebe zu seyn (...). War Sie im Kreise der Hunderte, die durch Ihre Huld dem geistigen und sittlichen Verderben entrissen, die höchste Wohlthat, die dem Menschen zu Theil werden kann, empfangen, (...) sah sie mit jener bezaubernden Freundlichkeit, ermahnend, ermunternd, sorgsam alles erkundend – der muß sagen, daß Sie in solchen Augenblicken wohl mehr einer himmlischen Erscheinung, als einer Bewohnerin der Erde glich (...)*«[230].

Wilhelm I. sah es somit als »heilige Pflicht« an, die Gründungen Catharinas fortzuführen[231], so dass er bereits vier Tage nach Catharinas Tod die nötigen verwaltungsrechtlichen Voraussetzungen für den Fortgang ihrer Werke geschaffen hatte. Hilfreich war dabei, dass Catharina in ihren Werken schon zu Lebzeiten Strukturen geschaffen hatte, die eine Fortführung unabhängig von ihrer Person ermöglichte: hierzu gehörte die Ernennung von Leitungen und Vorständen und die damit verbundene frühe Einbindung eines großen, ineinander vernetzten Personenkreises, den sie an ihrer Arbeits- und Denkweise teilhaben ließ, sowie eine detaillierte Aufgaben- und Arbeitsstruktur für jeden Beteiligten.

Beispielhaft hierfür ist die Ernennung von Personen wie August von Hartmann, der in Personalunion als stellvertretender Vorsitzender der Zentralleitung des Wohltätigkeitsvereins, Präsident der Armen-Commission, Vorsitzender des Landwirtschaftlichen Vereins und ab Mai 1819 auch als oberster Leiter bzw. königlicher Kommissar der Bildungsanstalt für höhere Töchter agierte[232].

---

228  Schreiben des Vorstands der Sparcasse an Wilhelm I. vom 12. Januar 1819, HStA E 14 Bü 1212.
229  Entwurf des Antwortschreibens an den Vorstand der Sparcasse vom 15. Januar 1819, HStA E 14 Bü 1212.
230  Schreiben des Vorstands der Kinder-Beschäftigungsanstalt im Husarenbau an Wilhelm I. mit dem Dank zur weiteren Erhaltung der Anstalt vom 13. Januar 1819, vgl. HStA E 14 Bü 1228.
231  Auch Catharinas Schwester Catharinas Schwester Maria, verheiratete Erbprinzessin und Herzogin von Sachsen-Weimar, hatte sich zudem kurz nach Catharinas Tod im Februar 1819 an Wilhelm I. gewandt und eine »*(...) detaillierte Beschreibung der Einrichtung sämtlicher von der Höchstseeligen Königin Majestät gegründeten oder ihrer besonderen Aufsicht und Theilnahme gewürdigten Institute und Anstalten zu erhalten gewünscht (...)*«, welche August von Hartmann zusammenzustellen hatte, vgl. Schreiben des Oberhofrat-Präsidenten Christian Ludwig August von Vellnagel an August von Hartmann vom 9., 10. und 14. Februar 1819, vgl. HStA E 191 Bü 4465.
232  Am 28. Mai 1819 wurde Hartmann zum obersten Leiter bzw. Königlicher Kommissar der Bildungsanstalt für hö-

here Töchter (Catharinen-Stift) ernannt, da Freiherr von Maucler als Justizminister wohl doch schon zu beschäftigt war: »*(...) Mein lieber Geheimer Rath und Justiz-Minister v. Maucler. Da Ich bei ihren vielen anderweitigen Geschäften auf der einen Seite ihren eigenen Wünschen entgegen zukommen glaube, wenn ich sie der Oberaufsicht über das Catharinenstift enthebe, auf der anderen Seite aber auch dieses Institut mit den übrigen von Meiner verewigten Gemahlin und Liebden gegründeten Anstalten am zweckmäßigsten unter ein und derselben Behörde vereinigt wird: So finde ich mich bewogen, Sie von ihrer bisherigen Funktion am Catharinenstifte zu entbinden und solche dem Geheimen Rath v. Hartmann zu übertragen. (...) verbleibe ich, Mein lieber Geheimer Rath und Justiz-Minister v. Maucler, ihr gnädiger König Wilhelm I. (...)*«, Schreiben Wilhelm I. an Justizminister von Maucler vom 28. Mai 1819, StAL F 441 Bü 6. Die Aufsicht über die Verwaltung des Catharinenstifts war bereits am 8. April 1819 dem Rechnungs-Rat und Mitglied der Zentralleitung des Wohltätigkeitsvereins Ludwig übertragen worden, vgl. Dekret von König Wilhelm I. vom 8. April 1819, StAL F 441 Bü 6. Vgl. auch Heintzeler, 1918, S. 13.

Ebenso wie die Mitglieder der Zentralleitung, der Ausschuss der Eltern und die Direktion der Bildungsanstalt für höhere Töchter, die Direktion der Landwirtschaftlichen Lehranstalt und der Vorstand der Sparkasse, die allesamt durch die regelmäßige Anwesenheit und den persönlichen Austausch von Catharina in deren Arbeits- und Denkweise mit einbezogen wurden. In den Statuten der jeweiligen Institutionen waren zudem die Grundlagen für die weitere Arbeit unabhängig von der Person des jeweiligen Regenten bzw. der Regentin gelegt worden. Mit der Gründung der Armen-Comission war zudem die Armenfürsorge zu einer Regierungsaufgabe erhoben worden – unabhängig von der persönlichen Einstellung des jeweiligen Regenten – und somit die finanzielle Absicherung der Armenfürsorge sichergestellt worden, da der Wohltätigkeitsverein als privater Verein nicht allein für diese Aufgabe verantwortlich gemacht werden sollte[233]. Die Arbeiten in den jeweiligen Institutionen konnten somit auch nach Catharinas Tod nahtlos weiterlaufen, wie zum Beispiel der Wohltätigkeitsverein seine Sitzungen planmäßig ab dem 19. Januar 1819 fortsetzte. Hierbei wurden die Mitglieder

auch informiert, dass »(...) *Seine Königliche Majestät (ermächtigen) die Centralleitung durch eine geeignete Bekanntmachung die Oberamts und Lokalleitungen zu fortwährender Theilnahme und Mitwirkung aufzufordern, was auf Allerhöchsten Befehl auch durch das Königliche Ministerium des Inneren in einem Erlaße an die Ober und Dekanatämter geschehen werde. Um sodann dem Andenken der verewigten Königin Majestät ein weiteres Denkmal und den Lehrern und Zöglinge der verschiedenen von Höchstderselben gestifteten Anstalten in Ihre Erinnerung und immer gegenwärtigen Aufmunterung zu erhellen, haben Seine Königliche Majestät diese Anstalten für die Zukunft nach dem Namen Höchstdero Frau Gemahlin, ihrer Frau Mutter der Kaiserin von Rußland Majestät und Allerhöchstdero älteren Prinzessin Tochter benennen, und daher den drey Kinder-Beschäftigungs- und Bildungs-Anstalten (...) die Namen Catharina-Pflege, Catharina-Schule und Marien-Pflege beilegen zu lassen geruhet (...)*«[234]. Sämtliche von Catharina gegründeten Institutionen bestanden somit auch nach ihrem Tod fort und wurden sogar weiter ausgebaut.

So wurde die Catharinenschule am 27. September 1820 um ein noch von Catharina 1818

---

233 Wilhelm I. hatte zudem anlässlich der Trauerfeier für Catharina die drei Kinder-Beschäftigungsanstalten in Stuttgart mit 1500 Gulden und die Stuttgarter Lokalleitung des Wohltätigkeitsvereins mit 1.000 Gulden bedacht, vgl. Schreiben der Stuttgarter Lokalleitung des Wohltätigkeitsvereins an Wilhelm I. vom 16. Januar 1819, HStA E 14 Bü 1215. Anlässlich des jährlichen Hochzeittages am 24. Januar hatte Wilhelm I. zudem die von Catharina einführte »Tradition« aus diesem Anlass der Zentralleitung des Wohltätigkeitsvereins als Spende 1.000 Gulden und den Oberamtsleitungen jeweils 100 Gulden zukommen zu lassen, auch nach ihrem Tod weitergeführt, vgl. Schreiben der Zentralleitung des Wohltätigkeitsvereins an Wilhelm I. vom 26. Januar 1819, vgl. HStA E 14 Bü 1218. Zudem besuchte Wilhelm I. im Februar 1819 persönlich die Kinder-Beschäftigungsanstalt bzw. die in nun Catharinen-Schule umbenannte Anstalt, vgl. Dankschreiben des Vorstands der Catharinenschule vom 6. Februar 1819, vgl. HStA E 14 Bü 1228.

234 Protokoll der Sitzung der Zentralleitung des Wohltätigkeitsvereins vom 19. Januar 1819, StAL E 191 Bü 22. Bei den genannten Institutionen handelt es sich u. a. um die Kinder-Industrie-Anstalt, die in »Catharina-Schule« umbenannt wurde (vgl. Anm. 151) und um die Kinderbeschäftigungsanstalt, die in »Marien-Pflege« umbenannt wurde (vgl. Anm. 60 und 151). Im Bericht an Wilhelm I. vom 22. Januar 1819 bestätigt die Zentralleitung die gewünschte Umbenennung: so wurde die Kinder-Beschäftigungsanstalt im Husarenbau »(...) die von ihrer Majestät der Königin Höchstselbst gestiftete Anstalt auf den Namen Catharinens den ersten Anspruch haben und auch die Benennung »Schule« am ersten ihr zukommen, da sie neben den Handarbeiten auch Lehrstunden zur Vaterlands- und Herzensbildung ertheilen lasse; daß der Name Catharinen-Pflege die in der Brunnenstraße befindliche Anstalt um so schicklicher tragen möchte, weil im Hause dieser Anstalt auch die Küche befindlich ist, wo der Wohlthätigkeits-Verein Speisen für die Armen zubereiten läßt (...), der Nahme

Marien-Pflege für die Anstalt in der Gartenstraße zu nehmen wäre (...)«, vgl. Bericht der Zentralleitung des Wohltätigkeitsverein an Wilhelm I. vom 22. Januar 1819, HStA E14 Bü 1227. Der Aufruf der Zentralleitung an die Oberamtsleitungen zur weiteren Unterstützung des Wohlfahrtsvereins und aller von Catharina gegründeten Institutionen wurde noch am 19. Januar 1819 verfasst und erschien am 30. Januar 1819 im »Königlich-Württembergisches Staats- und Regierungsblatt«, No. 6, S. 54/55. Der Entwurf der Meldung vom 19. Januar 1819 verfasst vom Ratsherr-Präsidenten und Mitglied der Zentralleitung, von Georgii, StAL E 191 Bü 4469. Offensichtlich waren zu dem Fortgang der Arbeit des Wohlfahrtsvereins in Zusammenarbeit mit der Armen-Commission auf Oberamts- und Lokalebene in den folgenden Monaten diverse Fragen in den Oberämtern aufgetaucht, und ebenso waren von Seiten der Zentralleitung und der Armen-Commission die Rückmeldungen zum aktuellen Stand der Arbeiten vor Ort erwartet worden, sodass am 5. Oktober 1819 ein »Erlaß der Königlichen Armen-Commission an die gemeinschaftlichen Ober-Ämter und Oberamts-Leitungen« veröffentlicht wurde: »(...) Da nach der höchsten Intention Seiner Majestät des Königs das von der verewigten Königin in der Armen-Versorgungs-Sache begonnene Werk ausgeführt und vollendet werden soll, und daher die Königliche Armen-Commission in der Verbindung der Central-Leitung des Wohltthätigkeits-Vereins zur gründlichen Bearbeitung des Gegenstandes genaue Kenntniß der Lokal-Umstände jeden Orts und Ober-Amts zu erlangen nöthig hat; so sind zu diesem Zweck laut Anlage Nro. I Fragen aufgeworfen, und diese in der weiteren Anlage Nro. II erläutert worden, deren Beantwortung man auf die in Nro. II angezeigte Weise auf das Neue Jahr 1820 von den gemeinschaftlichen Ober-Aemtern und Oberamts-Leitungen zuverlässig erwartet. (...)«, vgl. »Erlaß der Königlichen Armen-Commission an die gemeinschaftlichen Ober-Ämter und Oberamts-Leitungen der Armen-Commssion« vom 5. Oktober 1819, StAL E 191 Bü 4466.

geplantes Waisenhaus erweitert, das offiziell von der neuen württembergischen Königin Pauline gestiftet wurde und den Namen »Paulinenpflege« erhielt[235]. Die Kosten in Höhe von 26.000 Gulden für einen Neubau zur Unterbringung der Anstalt wurde 1836 vollständig durch Groß-Spenden der königlichen Familie und in kleinerem Anteil von staatlicher und städtischer Seite übernommen[236]. Diese Kombination von Beschäftigungsanstalt für bedürftige Kinder und angeschlossenem Waisenhaus wurde ab 1823 in ganz Württemberg ausgebaut, nachdem anlässlich der Geburt des Thronfolgers Karl ein öffentlicher Aufruf der Zentralleitung des Wohltätigkeitsvereins zur Einrichtung weiterer derartiger Häuser ergangen war[237]. Bis 1846 waren in Württemberg schon 16 derartige Einrichtungen gegründet worden, die schon zu diesem Zeitpunkt über 3.600 Kinder versorgt hatten, wobei die Zentralleitung des Wohltätigkeitsvereins diese Häuser maßgeblich und zuverlässig unterstützte[238]. Bis heute ist die Paulinenpflege mit verschiedenen Häusern in ganz Württemberg in der Kinder- und Jugendhilfe, Behindertenhilfe, Sozial- und Altenpflege existent.

Das Catharinenstift wurde durch August von Hartmann als zuständigen königlichen Kommissar und den noch von Catharina bestimmten Rektor Zoller weitergeführt und ab Oktober 1821 der Zuständigkeit von Königin Pauline unterstellt[239]. 1874 wurde zudem ein Seminar zur Ausbildung von Erzieherinnen und Lehrerinnen angeschlossen. Bis 1903 unterstand das Stift dem königlichen Schutz und war durch die Stelle des königlichen Kommissars direkt an das Königshaus angebunden. 1903 bezog das Stift das noch heute bestehende Schulgebäude in der Schillerstrasse und ging im selben Jahr vollständig als Mädchen-Gymnasium ohne Pensionat in städtische Trägerschaft über, als das es bis heute besteht[240].

Der Wohltätigkeitsverein unterstand bis zum Ende der Monarchie 1918 direkt dem Königshaus. Während der in dieser Zeit auftretenden Krisen (z. B. Cholera-Epidemie 1830/31, Märzrevolution und Wirtschaftskrise durch Missernte 1847/48, Preußisch-Österreichischer Krieg 1866, Deutsch-Französischer Krieg 1870/71, Erster Weltkrieg 1914–1918) baute er seine Kompetenzen auf dem Gebiet der Armen-, Kinder- und Gesundheitsfürsorge immer weiter aus. Ab 1921 wurde die Institution in »Zentralleitung für Wohltätigkeit« umbenannt und dem Innen-Ministerium unterstellt; nach massiver politischer Einflussnahme

---

235 Zur weiteren Entwicklung der »Paulinenpflege«, vgl. StAL E 191 Bü 3536. Die Paulinenpflege und Catharinenschule wurden – neben privaten Spendern – maßgeblich von Wilhelm I. finanziell unterstützt, der jährlich rund 2.000 Gulden spendete und zudem Kosten für die Einkleidung von Zöglingen und für Prämien für gutes Verhalten im Dienstverhältnis nach dem Ausscheiden aus der Anstalt, übernahm. Königin Pauline spendete jährliche 300 Gulden für die Paulinepflege sowie die Kosten für die Ausstattung mit Kleider und Wäsche beim Austritt der Waisen aus der Pflege nach der Konfirmation; die Stadt übernahm jährlich 34 Gulden pro Waise für die Kost und Unterbringung. 1836 befanden sich in der Catharinenschule 149 Jungen und 141 Mädchen im Alter von sechs bis vierzehn (Jungen) bzw. sechszehn Jahren und im angeschlossenen Waisenhause Paulinepflege 26 Jungen und 13 Mädchen, die dort Kost, Unterkunft, Kleidung und alle nötigen Unterrichtsmittel für den Unterricht in der Catharinen-Schule erhielten, vgl. »Übersicht der in der Haupt-Stadt Stuttgart bestehenden Wohltätigkeits-Anstalten« von 1836, HStA E 14 Bü 1215.

236 So spendete Wilhelm I. 10.000 Gulden, Pauline 2.000 Gulden und Prinz Peter von Oldenburg, Catharinas Sohn aus erster Ehe, 5.000 Gulden; aus den Staatskassen flossen 2.000 Gulden und aus der Stadtkasse 4.000 Gulden dem Projekt zu; die restliche Summe kam aus dem Erlös des alten Gebäudes im Husarenbau, vgl. »Übersicht der in der Haupt-Stadt Stuttgart bestehenden Wohltätigkeits-Anstalten« von 1836, HStA E 14 Bü 1215.

237 Die Zentralleitung des Wohltätigkeitsvereins fordert in einem öffentlichen Aufruf am 13. März 1823: »(...) Eines der schönsten und segenreichsten Werke der Wohltätigkeit ist gewiß die Sorge für die Erziehung vernachlässigter Kinder. Diese unglücklichen Geschöpfe sind Waisen im geistigen und moralischen Sinne (...) aus diesen Kindern erwachsen dann die unnützen, schädlichen Mitglieder

des Staates, die eigentlichen Giftpflanzen des Volkes (...) es gibt nur ein Mittel, diese Quelle sittlicher Verderbnisse und manchfachen Unglücks für den Staat zu verstopfen – nur ein Mittel, die verwahrlosten, vernachlässigten Kinder, die ja nicht nur vereinzelte, seltene Erscheinungen sind zu retten; – als dieses einzige Mittel bietet sich die Erziehung von eigenen Erziehungs- und Pflegeanstalten für solche Kinder dar. Nur selten finden sich recht-schaffende Privat-Personen, die ein verdorbenes fremdes Kind auch gegen billiges Kostgeld in ihr Haus aufnehmen können und wollen (...), daher scheiterte der Versuch der Centralleitung des Wohlthtätigkeitsvereins im Jahre 1821, mehrere vernachlässigte Kinder eines Ortes in Privat-Häusern gegen ein billiges Kostgeld unterzubringen, an der Abneigung aller Bewohner eines ganzen Oberamtsbezirks, diese Kinder aufzunehmen. Da es nun dem Staat, der zwei Waisenhäuser zu unterhalten hat, unmöglich ist, solche Erziehungsanstalten für vernachlässigte Kinder zu errichten, so wäre es wünschenswert, daß einzelne Oberämter zu diesem Werke der Wohltätigkeit die Hand böten (...)«, vgl. Aufruf Zentralleitung des Wohltätigkeitsvereins vom 13. März 1823, StAL E 191 Bü 7482.

238 Zur Entwicklung der Häuser der Paulinenpflege vgl. StAL E 191 Bü 3635. Amelie Bieg: Die Zentralleitung des Wohltätigkeitsvereins als Teil der württembergischen Rettungshausbewegung, in: Hilfe zur Selbsthilfe – 200 Jahre Wohlfahrtswerk für Baden-Württemberg, Hg. von Sabine Holtz, Baden-Baden 2016, S. 46 – 69.

239 Wilhelm I. und Prinzessin Marie unterstützten das Pensionat mit regelmäßigen Spenden, so zum Beispiel jährlich 400 Gulden für Ausflüge der Pensionat-Schülerinnen, vgl. Heintzeler, 1918, S. 15.

240 Zur weiteren Entwicklung des Catharinenstift vgl. Heintzeler, 1918, S. 20. Franz Baur: 200 Jahre Königin Katharina Stift, Stuttgart 2018.

durch die Nationalsozialisten und bedingt durch die Umbrüche nach Ende des Zweiten Weltkriegs wurde die Zentralleitung 1956 in »Landeswohlfahrtswerk für Baden-Württemberg« umbenannt und ist bis heute schwerpunktmäßig in der Altenpflege- und Fürsorge mit zweiundzwanzig Standorten in ganz Baden-Württemberg tätig[241].

Die 1818 gegründete Spar-Casse bestand bis 1974 als Württembergische Landessparkasse fort, und fusionierte 1975 mit der Städtischen Spar- und Girokasse Stuttgart zur Landesgirokasse, die wiederum 1999 in die Landesbank Baden-Württemberg (LBBW-Bank) aufging[242].

Die Landwirtschaftliche Lehranstalt in Hohenheim wurde 1848 von Wilhelm I. zur Landwirtschaftlichen Akademie erhoben und deren Lehrangebot ausgebaut. Die von Catharina gestiftete Knaben-Waisenanstalt in Hohenheim wurde zur Ackerbauschule ausgebaut, die allen Jungen aus landwirtschaftlichen Betrieben zur Aus- und Fortbildung zugänglich war und 1842 zur Gartenbauschule erhoben wurde. 1904 wurde die Akademie von König Wilhelm II. in die Landwirtschaftliche Hochschule Hohenheim umbenannt und ihr 1918/19 das Promotions- und Habilitationsrecht verliehen. Mit einem umfangreichen Ausbau des Lehrangebots wurde die Institution 1967 in Universität Hohenheim umbenannt und besteht mit erweitertem Lehrprogramm unter dieser Bezeichnung bis heute fort[243].

Kurz nach dem Tod Catharinas, noch im Januar 1819, regte sich der Wunsch, ihr ein Denkmal zu erreichten[244]. Hierbei wurde öffentlich zu Spenden für die Errichtung eines Krankenhauses – welches Catharina schon zu Lebzeiten im Sinn hatte – im Gedenken an die verstorbene Königin aufgerufen: »(...) so vereinigten sich aus freier Bewegung mehrere achtbare Bewohner Stuttgarts, um der unvergeßlichen Fürstin ein Denkmal in ihrem Geiste zu stiften und ihre Mitbürger zu diesem schönen Zweck einzuladen. Menschenfreunde (...) beeiferten sich nun durch Unterzeichnung von Beiträgen, dem verklärten der verewigten Königin den Zoll der tief gefühlten Verehrung und Dankbarkeit darzubringen, unter welchen namentlich die beiden Söhne der verewigten Königin die Prinzen Alexander und Peter von Oldenburg Durchlauchten und Derselben Durchlauchtigster Großvater der regierende Herr Herzog von Oldenburg, bemerkt werden. Von der Residenzstadt Stuttgart wurden aus der Gemeindekasse 12.000 Gulden beigetragen. Die Namen der Geber, über 1200 an der Zahl, sind in dem Stiftungsbuche (...) zum bleibenden Gedächtniße aufbewahrt. Jene Beiträge, deren Interesse sich bereits jährlich über 3.000 Gulden belaufen, wurden durch den Willen der Unterzeichneten dazu bestimmt, einen Grundstock zu bilden, von dessen Ertrag zum ewigen Andenken an die unsterbliche Königin Catharina das neue Krankenhaus in Verbindung mit einer Hebammen-Unterrichts- und Augenheilanstalt erhalten werden sollte. (...)«[245]. Die weiteren Kosten für den Bau wurden durch die königliche Familie beigesteuert: »(...) Seine Königliche Majestät ertheilen die Bestimmung die höchste Genehmigung und vermehrten im Jahr 1820 zum Behuf der Erbauung des Hauses Ihr Geschenk von 60.000 Gulden noch um 20.000 Gulden mit Einschluß von 4.000 Gulden für die Königlichen Prinzessinnen Marie und Sophie (...). Ihre Königliche Majestät, die jetzt regierende Königin Pauline, bewährten Ihre höchst menschenfreundliche Gesinnung durch eine Stiftung von 3.000 Gulden, und endlich wurden von Seiner Königlichen Majestät genehmigt, daß zur Errichtung dieses (...) Gebäudes die Summe von 75.000 Gulden in den Haupt-Fi-

241 Zur Geschichte und weiteren Entwicklung des Wohltätigkeitsvereins bzw. Wohlfahrtswerk und deren vielfältigen Aufgaben vgl. Hilfe zur Selbsthilfe – 200 Jahre Wohlfahrtswerk für Baden-Württemberg, hg. von Sabine Holtz, Baden-Baden 2016; darin zur Entwicklung nach Ende der Monarchie: Frederick Bacher: Neupositionierung nach dem Ende der Monarchie. Die Zentralleitung und das Wohlfahrtswesen in Württemberg, S. 120 –143.

242 Zur weiteren Entwicklung der Sparkasse, vgl. Manfred Biehal: Der Württembergische Sparkassenverbund 1916–1982, Berlin 1984. https://www.lbbw.de/konzern/landesbank-baden-wuerttemberg/ueber-uns/ueber-uns (Stand 24.11.2020)

243 Zur Entwicklung der Universität Hohenheim vgl. Ulrich Fellmeth: 200 Jahre Universität Hohenheim. Aspekte aus der Geschichte, Universität Hohenheim 2018. https://www.uni-hohenheim.de/geschichte (Stand 24.11.2020)

244 Beiträge der Gemeinden und Stiftungen zu einem Denkmal für die verewigte Königin Catharina HStA E 146 Bü 9682 und Bü 9683.

245 Alle folgenden Angaben zum Catharinenhospital aus der Broschüre anlässlich der Grundsteinlegung vom 24. Juni 1820, HStA E 146 Bü 8168. Bereits 1817 hatte Wilhelm I. mit 60.000 Gulden den Grundstock für ein neues Krankenhaus in der Residenzstadt gelegt, da die Stadt mit rund 20.000 Einwohner nur über wenige hunderte Krankenbetten in verschiedene Pflegeanstalten verfügt. Catharina zeigte indessen Interesse an der Errichtung einer Blindenversorgungsanstalt, konnte dieses Vorhaben aufgrund ihres frühen Tod nicht mehr weiterverfolgen, vgl. Ausst.-Kat. Catharina Pawlowna, 1993, S. 58/59.
Noch vor der Errichtung des Krankenhauses wurden bedürftigen Kranke in der »Catharinenpflege« mit »Krankenspeisen (...), welche aus Gerste, Reis, Nudeln u.s.w. mit Fleisch besteht (...)« und »Arzney« aus der Hofapotheke kostenfrei versorgt, vgl. »Übersicht der in der Haupt-Stadt Stuttgart bestehenden Wohlthätigkeits-Anstalten« von 1836, HStA E 14 Bü 1215.

nanz-Etat vom Jahr 1820 bis 1823 aufgenommen (...) werden solle. (...)«[246]. Bereits im April 1819 war von Wilhelm I. eine fachliche Kommission eingesetzte worden, welche sich mit der »(...) Einrichtung und die Beschaffung und die Verwendung der hierzu erforderlichen Mittel zu berathen und ihre Vorschläge an das Königliche Ministerium des Inneren zu bringen hatte. (...)«. Am 24. Juni 1820 fand die Grundsteinlegung statt, am 9. Januar 1828 wurde das vom Architekten Nikolaus von Thouret entworfenen Hospital eingeweiht (Abb. 56/57/58). Es bot 230 Krankenbetten, und es sollte »(...) nicht blos (für) die nächsten und gewöhnlichen Bedürfnisse der gegenwärtigen Zeit, sondern auch für die von Zeit zu Zeit eintretenden außerordentlichen Fälle gesorgt (...)« sein. Das Hospital wurde in den folgenden Jahren weiter ausgebaut, nach der Zerstörung im Zweiten Weltkrieg wiederaufgebaut und besteht mit diversen Erweiterungen bis heute fort.

Die Beisetzung Catharinas fand am 14. Januar 1819 statt, nach einer vorherigen zweitätigen öffentlichen Aufbahrung am 11./12. Januar und einer eintägigen Einsegnung am 13. Januar in der orthodoxen Kapelle im Neuen Schloss[247]. Die offizielle 24-wöchige Hoftrauer begann am 11. Januar und dauerte bis zum 27. Juni 1819 (Abb. 59). Der öffentliche Trauerzug am 14. Januar führte um 10.00 Uhr vom Neuen Schloss über die Königsstraße und die heutige Stiftstraße zur Stiftskirche. Der Trauerzug wurde von der königlichen Familie, allen voran von Wilhelm I. und Catharinas beiden Söhnen Alexander und Peter, dem gesamten Hofstaat und allen Regierungsmitgliedern sowie den Mitgliedern der Zentralleitung des Wohltätigkeitsvereins, des Landwirtschaftlichen Vereins und dem Vorstand der Sparkasse begleitet[248]. In der Kirche waren zudem die Zöglinge des Catharinenstift zugegen.

Ober-Hofprediger d'Autel hielt die Trauerpredigt: »(...) nieder gebeugt vom namenlosen Schmerz stehen wir an dem Sarge, der die Erdenhülle unserer allverehrten und geliebten Königin Catharina in sich birgt. Wir stehen an dem Sarge der edelsten Fürstin, am Sarge der zärtlichsten Gemahlin und theilneh-

mendsten Freundin, am Sarge der liebevollen Mutter ihrer unmündigen Kinder, ach! und der treusten Mutter des ganzen Landes. Laute Klagen des Schmerzens ertönen vom Throne bis in die niedrigste Hütte, aus dem Munde der Unmündigen wie der Greise: Thränenströme entquillen den Augen, die noch vor wenigen Tagen die Blühende unter den Lebenden sahen und nun die Blüthe des Lebens verwelkt und in die Farbe des Todes verwandelt erblicken; öde ist der Palast, in dem ihr freundliches Leben gewaltet und gewirkt, düster die Laufbahn unseres Königs, die ihre Liebe erheitert hat, und eine Behausung des Schmerzens und der Trauer ist unser ganzes Vaterland. Und von fernen Thronen und Lande schallen unserem Jammer und Schmerz verwandte Töne entgegen; es jammert um die Tochter eine zärtliche Mutter (Anm.: Catharinas Mutter Maria Feodorowna), die kaum aus den Armen sich fortgerissen hat mit der freundlichen Hoffnung Sie diesseits des Grabes wiederzusehen (Anm. Maria Feodorowna war im Oktober 1818 auf Besuch in Stuttgart); es klagt um Seine innigst geliebte Schwester ein großer Monarch (Anm.: Zar Alexander I.), der erst an ihrer Seite einige glückliche Stunden verlebte (Anm.: Alexander besuchte im November/Dezember 1818 in Stuttgart); ach! ohne zu wissen, daß es die Lezten für diese Erdenwelt waren; ein ehrwürdiger Fürst (Anm.: Herzog Peter Friedrich von Oldenburg, Catharinas Schwiegervater aus erster Ehe), der die treue Mutter seiner Enkel innigst liebte und achtete; zärtliche Brüder und Schwestern, verwandte Fürstenhäuser, Regenten und Nationen trauern um Sie, die allverehrte, geliebte, seltene Fürstin, Ihre Abkunft und Tugend nach eine Kaiserstochter! (...) Sie war zur Fürstin geboren, Ihr Geist war eine seltene Erscheinung in weiblicher Hülle, es waren männliche Kräfte mit weiblicher Tugend in ihm gepaart; durch jene ragte Sie hervor, ausgezeichnet an Kenntnissen, an edlem, erhabenen Sinne, an rastlosen, beharrlichem Wirken des Guten und an Muth und an Unerschrockenheit im Ausführen gemeinnützlicher Pläne; (...) Sie war uns Königin im edelsten Sinne des Wortes; war des Landes liebreiche und segnende Mutter. (...) Zur Zeit bedrückendster Noth trat Sie als ein hilfreicher Schutzgeist unter

---

246 Die übrigen Gelder für die Baukosten in Höhe von rund 250.000 Gulden sowie für den laufenden Unterhalt wurden neben den Spenden u. a. durch Zuschüsse der Stadtkasse, der Kirche und durch Zinsen aus den öffentlich gesammelten Spenden bestritten, vgl. die Broschüre anlässlich der Grundsteinlegung vom 24. Juni 1820, HStA E 146 Bü 8168.

247 Vgl. Fritz, 1995, S. 165. Die 24-wöchige Hof-Trauer begann am 11. Januar: Die Vorgaben zur Hoftrauer abgedruckt in: Königlich privilegirte Stuttgarter Zeitung vom 11. Januar

1819. Der Bericht zum Trauerzug in: Königlich privilegirte Stuttgarter Zeitung vom 16. Januar 1819, vgl. HStA E 14 Bü 36.

248 Die detaillierte Ordnung des Trauerzugs war am 10. Januar 1819 allen Beteiligten zugegangen: »Anordnungen in Betreff der Beisetzung der verewigten Königin Katharina Paulowna von Württemberg Majestät« vom Königlichen Oberhofrat vom 10. Januar 1819. Vgl. auch die öffentliche Ankündigung in der »Schwäbischen Chronik« vom 13. Januar 1819.

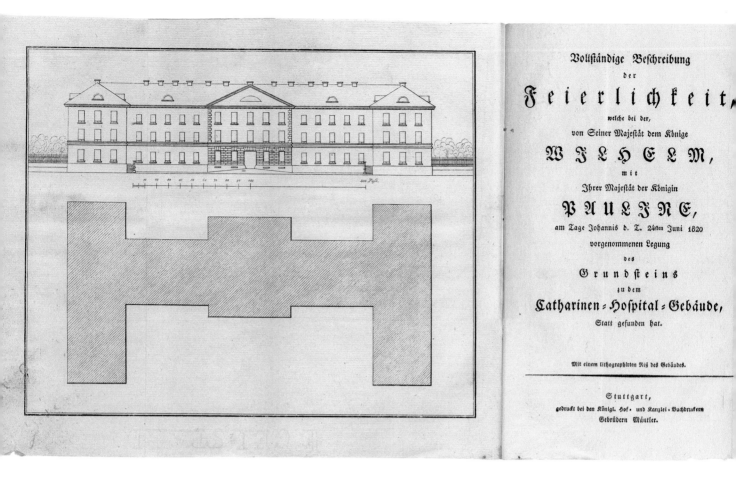

Abb. 56
Beschreibung der Grundsteinlegung des
Catharinen-Hospitals
am 24. Juni 1820 mit Grundriss des Gebäudes
Archivalie HStA E146 Bü 8168
*Copyright: HStA*

das leidende Volk, spendete den Hungernden Brod,
erheiterte ihre sorgenvolle Zukunft, schützte die
Kummervollen vor Verzweifelung und vor des sittlichen Verderben endlosen Abgrund. Wo es Elende
zu mildern gab (...) da trat Sie gleich einem Engel in
die Hüthe des Noth und des Elends (...) Vollendete,
geliebte Königin! nimm, ehe deine sterbliche Hülle
hinabsinkt in die dunkle Gruft, nimm unseren Dank
für all' die Liebe, für all' die Freuden, mit denen du
des besten Königs Erdenleben erheitert und beglückt,

nimm deines Volkes Dank für deine treue Mutter-
liebe, für all' den Segen, den du durch That und
Beyspiel unter uns gestiftet hast! (...) Du wirst nicht
sterben unter uns, nein! ewig leben in unseren Herzen voll Dank und Liebe; der Eltern Mund wird ihren
Kindern deinen Namen stammeln lehren als eines
freundlichen und segnenden Engels Erscheinung in
dieser Erdenwelt. Es lohne dich für deine Liebe des
Himmels ewiger Frieden und sein Glück! (...)«[249].

Nach der Trauerpredigt, begleitet von Trauer-
musik- und Gesang, wurde der Sarg in die Gruft
hinabgelassen, eingesegnet und die Gruft verschlossen. Die Beisetzung endete ohne weitere
Feierlichkeiten und alle Trauergäste begaben
sich nach Hause. Am 16. Januar fand nochmal
eine Trauerfeier im Catharinenstift statt[250] und
in den folgenden Monaten erschienen eine Vielzahl von Gedenkschriften; zudem fanden lan-
desweite Gedenkfeiern statt, wobei der 7. März

249 Trauerpredigt des Ober-Hofprediger d'Autel vom 14. Januar
1819 für Königin Catharina in der Stiftskirche Stuttgart:
»Rede bei der Beisetzung des Leichnams Ihrer Majestät
der Königin von Württemberg Catharina Paulowna, Großfürstin von Rußland den 14. Januar 1819 in der Königlichen

Stiftskirche zu Stuttgart gehalten von A.H. d'Autel Königlich
württembergischen Ober-Hof-Prediger und Prälat«.
250 Programm zur »Todesfeyer geweiht der erhabenen Fürstin
Catharina Paulowna (...) im Catharinenstift 16. Januar 1819
(...)«, StAL F 441 Bü 6.

Abb. 57
C. Obach:
**Catharinen Hospital Stuttgart**
um 1835
Württembergische Landesbibliothek Stuttgart, Graphische Sammlung, Schef. qt. 8467
*Copyright: Württembergische Landesbibliothek Stuttgart*

Abb. 58
Martens:
**Stuttgart vom Kriegsberg aus mit Catharinen-Hospital**
um 1834
Landesmedienzentrum (LMZ) Stuttgart
*Copyright: LMZ Stuttgart*

Nro. 7.

# Königlich privilegirte
# Stuttgarter Zeitung.

## Montag, den 11. Januar 1819.

Würtemberg. — Spanien. (Hofbericht von dem Tode der Königin.) — Frankreich. — Preussen. — Oesterreich. — Deutschland. (Nachrichten aus Hamburg, Kassel, Frankfurt.)

### Würtemberg.

Anordnung der Königlich Würtembergischen Hoftrauer, wegen des erfolgten Ablebens der höchstseligen Königin Catharina von Würtemberg Majestät,

welche von Montag dem 11. Jan. 1819 an durch 24 Wochen mit nachfolgenden Abwechslungen getragen, und den 27. Juni 1819 wieder abgelegt wird, und zwar für die Cavaliers:

Die ersten 6 Wochen tragen die Cavaliers Röcke von gekippertem Tuch (Ratine) ohne Knopflöcher mit Haften, schwarze wollene Strümpfe, sammtlederne Schuhe, schwarze Schnallen und Degen, mit einem Flor auf dem Hut, welcher gewöhnlich mit 3 Ecken aufgeschlagen, ohne Knöpfe, und der Boden mit Flor überzogen ist. Drei fingerbreite Pleureusen ohne Manschetten, und weiße Cravatten. Die Ordens-Ritter bedecken mit einem kurzen Flor das Ordenskreuz.

Die zweiten 6 Wochen werden die Pleureusen abgelegt, die Hemde mit Manschetten und Busenkrausen mit fingerbreitem Saum besezt, auch der Hut ohne Flor gelassen. Alles Uebrige bleibt.

Die dritten 6 Wochen auf dem Rok tuchene Knöpfe wie gewöhnlich, mit seidenem Unterfutter; glatte Manschetten mit schmalem Saum; blau angeloffene Degen und Schnallen.

Die vierten 6 Wochen weiße Schnallen und Degen, Manschetten mit Franzen.

Die Dames, welche am Hof erscheinen, legen in den ersten 6 Wochen knapp anliegende Kleider an, die Kopfzeuge werden von schwarzem Krepp mit einer breit gesäumten Kopfbinde, Schnippe genannt, gemacht, 2 Florkappen, eine bei Hof und öffentlichen Gelegenheiten vor das Gesicht zu hängen, die andere aber nachschleppen zu lassen, schwarze Handschuhe, Fächer und Schuhe.

Die zweiten 6 Wochen werden die Florkappen vor dem Gesicht abgelegt, und die Größe der Schnippe vermindert; auch können alsdann Kopfzeuge, Schnippen und Schleier von weißem Krepp gefertigt werden.

Die dritten 6 Wochen seidene Kleider, Hauben von gesäumtem Flor mit kleinen Schnippen, schwarz seidene Handschuhe.

Die vierten 6 Wochen schwarzseidene Kleider mit beliebigem, nur nicht farbigtem Kopfputz, und weiße Handschuhe.

Die Cavaliers haben bei Fertigung ihrer Privat- und anderer Schreiben sich des schwarzen Siegellaks und schwarz eingefaßten Papiers, bis zur Anlegung der dritten Veränderung der Trauer, zu bedienen.

Stuttgart, den 9. Jan. 1819.

Königlicher Ober-Hofrath.

zum »allgemeinen Landestrauerfest« bestimmt wurde[251] (Abb. 60/61/62).

Die Beisetzung in der Gruft der Stiftskirche war jedoch nur vorübergehend, da Catharina als Angehörige der russisch-orthodoxen Kirche in einer zugehörigen Grabstätte bzw. Kapelle bestattet werden sollte. Wilhelm I. entschied sich daher anstelle einstige Stammburg auf den Württemberg in Stuttgart-Rotenberg eine Grablege errichten zu lassen[252]. Die Grundsteinlegung fand am 29. Mai 1820 im Beisein von Wilhelm I. und

Catharinas ältesten Sohn Alexanders statt[253] und am 5. Juni 1824 wurde der Sarg mit Catharinas sterbliche Überreste in die von Giovanni Salucci errichtete Kapelle überführt, wo sie in einem Doppelsarkophag in der Gruft bestattet wurde[254] (Abb. 63/64/65).

Wilhelm I. verfügte testamentarisch nach seinem Tod neben Catharina im Sarkophag beigesetzt zu werden, was er auch während seiner dritten Ehe ab 1820 mit seiner Cousine Pauline nicht änderte[255].

251 Zeitung für die elegante Welt, Bd. 120, 22. Juni 1819, S. 955 ff.

252 Alle Angaben, Quellen und weitere Details zu der bis heute bestehenden Grabkapelle auf dem Württemberg in Stuttgart-Rotenberg aus: Patricia Peschel: Die Grabkapelle auf dem Württemberg. Russisch-Orthodoxe Kapelle und württembergische Grablege, in: Memoria im Wandel. Fürstliche Grablegen in der frühen Neuzeit und im 19. Jahrhundert, hg. von Winfried Klein und Konrad Krimm (Oberrheinische Studien, Bd. 35), Ostfildern 2016, S. 101–118. Vgl. auch: Stephan/Peschel, 2017.

253 »(...) so dass zum Gedächtnis des neuen Denkmals der Grundstein durch seine Majestät den König am 22. Mai gelegt werden sollte, dem Jahrestag der Geburt Ihrer Majestät der Königin. Diese Zeremonie konnte jedoch an diesem Tag aufgrund einer Unpässlichkeit des Königs nicht stattfinden: Seine Majestät begab sich am 29. Mai an Ort und Stelle, wo der Grundstein auf folgende Weise gelegt wurde. Zunächst weihte die griechische Kurie nach dem Ritus der griechischen Kirche die Erde und insbesondere den Ort, an dem der Altar der Kirche aufgestellt werden würde. Anschließend wurden Seine Majestät und seine Gefolgschaft gebeten, den Grundstein zu legen und ein Dokument zu unterzeichnen, in dem die Bestimmung des neuen Denkmals formuliert wurde und das einen Bericht über die Zeremonien enthielt, die zu diesem Anlass stattfanden; sowie einen Katalog der im Grundstein enthaltenen Gegenstände. Dieses Dokument wurde von unterzeichnet durch Seine Majestät den König, Seine Durchlaucht Prinz Alexander von Holstein-Oldenburg, Seine Exzellenz Prinz Koslovsky, bevollmächtigter Minister und außerordentlicher Gesandter Seiner Majestät des Kaisers des Russischen Reiches, die Staatsräte von Born et von Buschmann, die griechische Kurie, Graf von Wintzingeroda, ehemaliger Großmeister Ihrer Majestät der Königin, Graf von Beroldingen, ehemaliger erster Kammerherr Ihrer Majestät der Königin, Graf von Salm, ehemaliger erster Stallmeister Ihrer Majestät der Königin, Freiherr von Müntzingen, Ober-Stallmeister Seiner Majestät des Königs, Adjutanten des Königs, Oberst Prinz zu Hohenlohe, Oberst Graf von Sontheim, Oberst von Wimpfen, Oberstleutnant Graf von Graevenitz, den Großmeister des Königs, Freiherr von Seckendorff, den Leiter der Abteilung für Bauwesen Hofrat Seyffer, den ersten Architekten des Königs, Salucci. Bei der Unterzeichnung des Dokuments hatten Seine Majestät der König und Seine Durchlaucht Prinz Alexander von Holstein-Oldenburg die Güte, den Grundstein zu legen und die folgenden Gegenstände in dessen Aushöhlung zu platzieren, nämlich: besagtes unterschriebenes Dokument, eine Goldmedaille mit der Darstellung der Büste Ihrer Majestät der Königin Katharina, ein Fläschchen mit verschiedenen heimischen Weizenessenzen aus dem Jahr 1819, eine Flasche heimischen Weißwein und eine Flasche heimischen Rotwein aus dem Jahr 1819. Während dieses Akts betete die griechische Kurie zu Gott, woraufhin Seine Majestät der König und die oben genannten Personen dem Brauch gemäß den ersten Hammerschlag ausführten. (...)«, Vgl. HStA E 14 Bü 285.

254 »(...) Ceremoniels bei der Versetzung der irdischen Reste Ihrer Majestät der Höchstseligen Königin Catharina von

Württemberg, geborene Groß Fürstin von Rußland, aus der Königlichen Gruft in der Stifts-Kirche zu Stuttgart in die Grabstätte auf dem Rothenberg (...) zur fest zu setzende Stunde versammeln sich die zur Begleitung des Sarges beorderten Personen von Hof und Militär in der Stiftskirche wohin sich auch die Geistlichen dieser Kirche, die Hof Geistlichkeit und der Priester griechischer Confession begeben. Auf das von einem Ceremonienmeister zu gebende Zeichen verfügt sich der Oberhofprediger mit dem Geistlichen griechischer Religion in die Gruft; Ihm folgen die übrigen anwesenden Personen. Der Ober Hofprediger spricht einige dem Zweck entsprechende Worte vorm Sarg, worauf der griechische Priester ein Gebet verrichtet. Hierauf wird der Sarg durch 12 hierzu bestimmte Personen von Hof- oder Militär aufgehoben, und begleitet von den Anwesenden auf den vor dem Haupt Eingang der Kirche stehenden Trauer Wagen gebracht.
Der Zug (...) würde sich durch die Königstraße bewegen am Ende des Schloß Gartens gegen die Straße nach Berg wenden, durch diesen Ort sofort über Wangen, Unter Türkheim durch das Dorf Rothenberg gehen und an der großen Treppe unter dem Haupt Eingang der Kapelle stille stehen. Zwölf zur Herausnahme des Sarges bezeichnete Personen tragen solchen in die Kapelle, wo derselbe auf einer in der Mitte angebrachten Entrade niedergesetzt und so dann in die Gruft versenkt und in den in der Haupt Nische derselben befindlichen Sarcophag eingesetzt wird. Wenn (...) von dem griechischen Priester abermals ein Gebet verrichtet worden ist die Ceremonie beendigt und die Gruft, so wie die Kapelle verlassen. (...) Die Gruft wird sofort verschlossen und der Schlüssel dem griechischen Priester übergeben (...) Stuttgart den 26 März 1824 Seckendorff (...)«, vgl. Entwurf des Zeremoniels vom 26. März 1824, HStA E 14 Bü 38.

255 Bereits am 19. April 1820 heiratete Wilhelm I. erneut, da noch immer ein männlicher Thronfolger fehlte. Er wählte seine Cousine Pauline Therese Louise von Württemberg (1800–1873), die zusammen mit ihrer verwitweten Mutter Herzogin Henriette von Württemberg-Teck und Geschwistern seit 1811 im Schloss Kirchheim/Teck lebte. In der äußeren Erscheinung eine gewisse Ähnlichkeit mit Catharina aufweisend, verfügte sie aber aufgrund ihrer deutlich bescheideneren Herkunft nicht über die Ausbildung und Erfahrungen Catharinas. Dennoch versuchte Pauline ihrer Vorgängerin gerecht zu werden und engagierte sich ebenfalls sozial und übernahm wie erwähnt die Vorsitze und Protektionen verschiedener von Catharina gegründeter Anstalten. Aus der Verbindung entsprangen neben dem Thronfolger Karl (1823–1891) noch die Töchter Katharina (1821–1898) und Auguste (1826–1898). Ab Ende der 1820er Jahre kühlte die Beziehung wohl ab und Wilhelm I. begann eine Beziehung mit der Hof-Schauspielerin Amalie von Stubenrauch.
Zu bemerken ist der offensichtliche »Schatten« der erst kurz zuvor verstorbenen Catharina, der über Pauline hing: So wurden kurz vor der Hochzeit mit Pauline noch im Februar/März 1820 einzelne Räume im Appartement des verstorbenen Königs Friedrichs im 1. OG des Gartenflügels und Mitteltrakt des Neuen Schloss hergerichtet (z. B. Badezimmer/Schlafzimmer), da es sonst im Schloss keinerlei Räumlichkeiten für Pauline als neue Königin gegeben hätte!

Abb. 6o/61

**Gedenkmünze auf den Tod von Königin Catharina von Württemberg**

»In Zeiten voller Nacht wandelte sie unter uns – leuchtend, wärmend bis wieder die Sonne kam: da gieng sie.«

1819

Königliche Sammlung der Niederlande Den Haag

*Copyright: Königliche Sammlung der Niederlande*

116

*Quis desiderio sit pudor aut modus*
*Tam cari Capitis?*

Abb. 62
Eberhard Wächter:
**Allegorie auf die Trauer über den Tod von**
**Königin Catharina von Württemberg**
1819
In der Mitte sitzt König Wilhelm I., neben ihm die vier Kinder vor einer Büste Catharinas; am rechten Bildrand
sitzt die trauernde Württembergica und neben ihr der Flussgott Neckar; am linken Bildrand geht wohl Persephone,
Göttin der Fruchtbarkeit aber auch des Todes, von dannen und zertritt dabei einen Blütenkranz als Symbol des
blühenden Lebens; das jüngste Kind sammelt noch einige der zertretenen Blüten ein; über Wilhelm schwebt
wohl Fama, die Göttin des Ruhms, die Blüten auf ihn herabrieseln lässt als Symbol seiner zukünftigen ruhmvollen
Aufgabe als Regent
Staatsgalerie Stuttgart, Graphische Sammlung
*Copyright: Staatsgalerie Stuttgart*

117

Abb. 63
Gottlob Friedrich Steinkopf:
**Die Grabkapelle auf dem Rotenberg**
nach 1825
Staatsgalerie Stuttgart, Graphische Sammlung
*Copyright: Staatsgalerie Stuttgart*

Abb. 64
**Grabkapelle auf dem Württemberg
in Stuttgart-Rotenberg**
Innenraum mit Ikonostase
*Copyright: Staatliche Schlösser und Gärten
Baden-Württemberg*

Abb. 65

**Grabkapelle auf dem Württemberg**

Gruft mit dem Doppelsarkophag von Königin Catharina und
König Wilhelm I. von Württemberg

*Copyright: Staatliche Schlösser und Gärten Baden-Württemberg*

120

Abb. 66
Franz Seraph Stirnbrand:
**Königin Catharina von Württemberg**
1820
Königliche Sammlung der Niederlande Den Haag
*Copyright: Königliche Sammlung der Niederlande*

Abb. 67
Russische Schule (?):
## Miniatur von Catharina Pavlovna, Großfürstin von Russland
1815
Aus dem Besitz von Prinzessin Sophie, Königin der Niederlande, die nach
Wilhelms Tod Objekte aus seinem Besitz erbte; diese Miniatur könnte das Vorbild
für das Portrait Catharinas in dem Gemälde von Sales (Abb. 68) gewesen sein.
Königliche Sammlung der Niederlande Den Haag
*Copyright: Königliche Sammlung der Niederlande*

Abb. 68
Carl von Sales:
**Königin Catharina von Württemberg**
1819/1820
Staatliche Schlösser und Gärten Baden-Württemberg
*Copyright: Staatliche Schlösser und Gärten Baden-Württemberg*
*Foto: Fuhrer*

123

Am 30. Juni 1864 – fünf Tage nach Wilhelms Tod – wurde dieser Wille mit seiner Bestattung im Doppelsarkophag neben Catharina erfüllt.

Das Verhältnis Wilhelm I. und Catharina war durch eine enge Zusammenarbeit in eine der stärksten Krisen- und Umbruchzeiten Württembergs geprägt. Die tatkräftige Unterstützung Catharinas, die sich eben nicht auf den finanziellen Part beschränkte, sondern eine nahezu tägliche, höchstpersönliche und hochengagierte Mitarbeit – wie sie in dem dargestellten Ausmaß für eine Königin nicht selbstverständlich ist – miteinschloss, war maßgeblich für die schnelle wirtschaftliche und soziale Erholung des Königreichs. Zwar existieren heute nur noch wenige persönliche Zeugnisse von Wilhelm und Catharina über die Art und Weise ihrer Beziehung, so lassen doch die kurzen, persönlichen Anmerkungen in den zitierten Berichten und Briefen von Wilhelm und Catharina auf ein respektvolles, liebevolles und inniges Verhältnis schließen. Für die immer wieder geäußerten Spekulationen über die mögliche Untreue Wilhelms während der Ehe mit Catharina lassen sich keinerlei beleg- und belastbaren Hinweise finden[256].

Es ist vielmehr ein besonders glücklicher Umstand, dass Catharina in Wilhelm I. eine von Überzeugung und Liebe getragene Unterstützung fand. Er war letztlich in seiner Funktion als König die Schlüsselfigur in der politischen Entwicklung des Landes. Seine Politik, seine Verwaltungsreformen und seine Unterstützung für Catharina waren Voraussetzung und Rahmen ihres Wirkens.

Von der engen Verbindung zu Catharina zeugt auch der Umstand, dass Wilhelm I. ab Februar 1819 eine Vielzahl von Portraits der Verstorbenen in Auftrag gab, so unter anderem von dem Maler Franz Seraph Stirnbrand (Abb. 66) oder von dem Maler Carl von Sales[257]. Letzterer schuf ein Gemälde in Lebensgröße von Catharina nach einer Miniatur aus dem Besitz von Wilhelm I. (Abb. 67): Es zeigt sie in ihrem grünen Schreibkabinett im Neuen Schloss Stuttgart am Schreibtisch bei der Korrespondenz, hinter ihr an der Wand ein Portrait ihrer Großmutter Kaiserin Katharina I. die Große von Russland (Abb. 68).

---

Denn das Appartement Catharinas im Erdgeschoss des Gartenflügels blieb auch nach ihrem Tod vollständig ungenutzt (!) erhalten, vgl. Inventar des Neuen Schlosses (Residenzschloss) Stuttgart von 1819–1823, StAL E 29 Bü 26. Zudem wurde für Paulines Hofstaat ein Großteil der Personen aus Catharinas Hofstaat übernommen, vgl. Schreiben des Oberhofrat-Präsidenten Vellnagel an den Ministerial-Rat vom 14. April 1820, HStA E 31 Bü 74.
Auch das erste gemeinsame Kind von Pauline und Wilhelm wurde auf den Namen der Verstorbenen getauft: Prinzessin Katharina Friederike von Württemberg. Aufgrund der sehr unterschiedlichen Vermögensverhältnisse und Abstammungen zwischen den Töchtern Marie und Sophie aus der Ehe mit Catharina und deren finanziellem Erbe, und den Kindern aus der Ehe mit Pauline, gab es innerhalb der Familie jedoch Spannungen, vgl. Peschel, 2019, S. 24–27.

256   So spekuliert Sauer in der offiziellen Biografie über König Wilhelm I. u. a. über eine Affäre mit der einstigen Hofdame seiner Schwester, Blanche La Fleche, während der Ehe mit Catharina, für die er jedoch keine Belege anführt: außer dem Umstand, dass Wilhelm zwischen 1820 (!) und 1827 zu Kuren nach Genua und Livorno reiste und sich Blanche La Fleche zur gleichen Zeit in Italien (!) aufhalten sollte. Auch gibt es keine belastbaren Zeugnisse über einen 1818 geborenen unehelichen Sohn Wilhelms, bei dem es sich um den Offizier Eduard von Kallee handeln soll, außer Gerüchten zu einer vermeintlichen Ähnlichkeit und einer möglichen königlichen Protektion von dessen militärischer Laufbahn. Vgl. Sauer, 1997, S. 131, S. 162/163.
Allein das ab ca. 1829 fast 35 Jahre dauernde Verhältnis zu der Hof-Schauspielerin Amalie von Stubenrauch ist hinreichend belegt. Dieses Verhältnis bestand jedoch während der Ehe mit seiner dritten Gattin, Pauline. Vgl. Patricia Peschel: Schön und Talentiert – Amalie von Stubenrauch, in: Schlösser Baden-Württemberg, hg. vom Staatsanzeiger für Baden-Württemberg, 03/2018, S. 26 ff.

257   Zu den in Auftrag gegebenen Portraits vgl. HStA E 14 Bü 25: Wilhelm I. war auf der Suche nach einem geeigneten Maler, der mehrere Portraits der jüngst Verstorbenen und der übrigen königlichen Familie schaffen sollte. Das Portrait von Catharina sollte hierbei nach einer Miniatur mit dem Bildnis der verstorbenen Gattin angefertigt werden, die sich im Besitz des Königs befand. Zunächst waren die Maler Thomas Lawrence und Karl Stieler angefragt worden. Da diese jedoch keine Zeit für Aufträge hatten, suchten die württembergischen Gesandten weiter nach einem geeigneten Maler für diesen Auftrag.
Der Wiener Gesandte Graf von Witzingerode empfahl daher den Maler Carl von Sales (1791–1870), der sich zu diesem Zeitpunkt durch Aufträge im österreichischen Hochadel und für das Kaiserhaus einen Namen gemacht hatte. Zudem hatte dieser die verstorbene Königin noch zu Lebzeiten während des Wiener Kongress 1814/15 mehrfach in natura sehen können. Am 13.2.1819 reiste Sales nach Stuttgart, wo er ein Atelier im Neuen Schloss sowie freie Kost und Logis in einem Gasthof für sich und seinen zwei Gehilfen und zudem 20 Dukaten als Vorschuss erhielt, um vorab eine Reisekutsche kaufen zu können. Während seines Aufenthalts bis zum 22. Oktober 1820 fertigte Sales insgesamt 11 Portraits von der königlichen Familie (von König Wilhelm I., der verstorbenen Königin Katharina und den beiden gemeinsamen Töchtern Sophie und Marie). Aufgrund seines recht großzügigen Lebensstils beliefen sich die Kosten für Sales Aufenthalt in Stuttgart auf fast 10.000 Gulden (u. a. für sehr hohe Ausgaben für Heizung und Beleuchtung, sowie Theaterabonnements und Kosten für seine Wohnung Wien). Für die Ausfertigung der elf Werke und weitere Nebenkosten verlangte Carl von Sales nochmals über 4.000 Gulden, wobei für das betreffende Gemälde schon 550 Dukaten veranschlagt wurden: »S.M. seligen Königin lebensgroße Figur zu 400 Dukaten, daß darin befindliche Portrait der Kaiserin Catharina Majestät und der unendlich langwierigen Details (daher) 550 Dukaten«. Die Kosten für sämtliche Werke bezahlte der König, für die diversen weiteren Nebenkosten jedoch nicht, so dass sich die Gesamtkosten (Werke und Kost/Logis) auf 13.000 Gulden beliefen (ca. 220.000 €). Zwei weitere kleinere Fassungen des Gemäldes, ebenfalls von Sales gefertigt, wurden für die russischen Verwandten nach St. Petersburg (heute in Schloss Pavlovsk) und zur ihrer Schwester nach Weimar gesandt.

Abb. 69
**Schreibservice aus dem Besitz von Königin Catharina von Württemberg**
frühes 19. Jh.
heute im Besitz des Wohlfahrtswerks Baden-Württemberg
*Copyright: Wohlfahrtswerk Baden-Württemberg*

125

Abb. 70/71

**Einer von vielen Briefen,**

die Wilhelm I. 1815 während seines Feldzugs gegen Napoleon fast täglich an Catharina schrieb, darin ein aufklappbares Billet »Die zwey Bäumchen« mit ineinander verschlungenen Wurzeln und der Inschrift: »Wir scheinen nur entfernt, wir scheinen nur verlahsen: Die Wurzeln sind es doch, die in einander fahsen«

Archivalie HStA G 268 Bü 16

*Copyright: HStA*

Das auf dem Tisch abgebildet Schreibservice vermachte Catharina testamentarisch der Zentralleitung des Wohltätigkeitsvereins, dem es – nachdem es auf dem Gemälde verewigt wurde – am 6. November 1821 übergeben wurde[258] (Abb. 69). Aufgrund dieses »Vermächtnisses« an den Wohltätigkeitsverein wurde Catharina auf dem Gemälde offensichtlich bei ihrer Arbeit für den Wohltätigkeitsverein bzw. während ihrer nahezu täglichen Korrespondenz mit den von ihr gegründeten Institutionen posthum verewigt. Das Bild von Catharina als engagierte »Macherin« und aktive Unterstützerin seiner Regierungsarbeit scheint Wilhelm I. am stärksten beeindruckt zu haben. Er ließ das Gemälde 1820 in seinem Arbeitszimmer im Neuen Schloss aufhängen, wo es bis zu seinem Tod 1864 verblieb[259]. Mit der Präsentation des Gemäldes in seinem Arbeitszimmer in einem wortwörtlich überdimensionalen Rahmen zeigt Wilhelm seine Verehrung für die verstorbene Gattin und seine

tiefe und lebenslange Verbundenheit zu Catharina, die 1814/15 begonnen hatte (Abb. 70/71). Das Bild mahnte ihn zugleich, die gemeinsame Arbeit für Württemberg als Vermächtnis nach ihrem Tod fortzuführen. In diesem Umstand liegt wohl auch eine der Ursachen für das erfolgreiche Wirken Catharinas begründet: Nach ihrem frühen Tod verblieben Wilhelm I. noch über 45 Jahre Regentschaft. Getragen von seiner eigenen Überzeugung und der tiefen inneren Übereinstimmung mit dem Werk Catharinas führte er dieses über diesen langen Zeitraum hinweg fort und entwickelte es weiter. Das Bild Catharinas als engagierte, persönlich tätige Königin und verantwortungsbewusste Landesmutter überdauerte ebenso die Zeit: Sowohl im 19. Jahrhundert[260] als auch im 21. Jahrhundert ist ihre Persönlichkeit noch immer präsent und sichert ihr einen Platz als eine der bedeutendsten Protagonistinnen der württembergischen Geschichte[261].

258    Das Schreibservice befindet sich noch heute im Besitz des Wohlfahrtswerks Baden-Württemberg (der Nachfolge-Institution des Wohltätigkeitsvereins): »1 Schreibzeug auf Gestell von fournierten schwarzen Ebenholz mit Bronzen garniert und mit Gefäßen von Wiener Marmorstein, mit 1 Klingel von vergoldeter Bronze, mit 1 Stiel von schwarzen Ebenholz, auf diesem Schreibzeug befinden sich 1 Holzbein,1 Sandlöffel von Perlmutter (Ergänzung: Achat nicht Perlmutter), 1 Radiermesser von Perlmutter, 1 kleines vergoldetes Löffelchen, 1 silbernes Roht mit Bleistift1, 1 elfenbeines dito (Rohr) mit silb. Federn, 3 Federmesser, 1 größeres Messer, 1 Zollstab von Elfenbein, 1 alte stählerne Schere«; bei der Übernahme wurde noch notiert: »ferner fanden sich auf obigen Schreibzeug vor:1 Bleistift , 1 Griffel, 1 Stückchen Gummi Elasticum, 1 lederner Lappen zum Reinigen der Schreibfedern, eternas Streusand«, Übergabebestätigung und Empfangsbestätigung vom 6. November 1821, StAL E 191 Bü 4469.
       Das Service wird in einem Mahagoni-Holzkästchen aufbewahrt, welches zur Aufbewahrung von der Zentralleitung des Wohltätigkeitsvereins 1821 in Auftrag gegeben wurde.
259    Königinnen wurden in derartiger monumentaler Größe meistens in »repräsentativen« Posen als Regentinnen mit dem Kronschmuck oder mit den Kindern oder mit Blumenschmuck als Allegorie auf die (blühende) Schönheit o.ä. verewigt (z.B. auf den Portraits in der Ahnengalerie in Schloss Ludwigsburg); die Darstellung einer Königin in einer »Momentaufnahme« während der »Verwaltungsarbeit« hingegen ist in diesem Format höchst ungewöhnlich. Das Gemälde hing ab Oktober 1820 im Arbeitszimmer von Wilhelm I. im Neuen Schloss Stuttgart, wo es bis zu seinem Tod 1864 verblieb. Das Arbeitszimmer befand sich im Erdgeschoss an der Ecke zwischen Gartenflügel und Stadtflügel mit Blick zum Schlossgarten. Nach seinem Tod vermachte Wilhelm I. es seinen beiden Töchtern Marie und Sophie aus der Ehe mit Katharina, die es wiederum dem von der verstorbenen Königin einst gegründeten Kathrinenstift in Stuttgart am 22.12.1864 schenkten. Im Zweiten Weltkrieg ging das Werk verloren und

tauchte erst vor wenigen Jahren auf dem Kunstmarkt bzw. in Privatbesitz auf und konnten von den Staatlichen Schlössern und Gärten Baden-Württemberg erworben werden.
260    So bereits im 19. Jh. in zahlreichen Biografien und einer ausgiebigen Würdigung 1869 anlässlich ihres 50. Todestages in den »Blättern für Armenpflege«, die seit 1848 vom Wohltätigkeitsverein herausgegeben wurden, vgl. StAL E 191 Bü 4469.
261    So wurde z.B. anlässlich ihres 200. Todestags im Januar 2019 in der Grabkapelle auf dem Württemberg eine Gedenkveranstaltung abgehalten, zu der mehrere hundert Gäste erschienen und Catharina gedachten: https://www. stuttgarter-zeitung.de/inhalt.stuttgart-album-zum-200-to-destag-von-katharina-die-koenigin-der-herzen-starb-frueh. f6e2bc09-2910-4ec6-b7d8-615fd4f06de7.html
       Das Gedenken an Königin Catharina und König Wilhelm I. bzw. an die Grabkapelle auf dem Württemberg wird vom Land Baden-Württemberg auch aktiv durch den Erhalt der Kapelle und der gesamten Anlage gefördert. So wurden bis 2017 das Verwalter- und Psalmistenhaus durch Vermögen und Bau Amt Stuttgart für 4,5 Millionen Euro aufwendig saniert und ein neues Besucherzentrum eingerichtet. 2020 wurde zudem das Bistro »1819« mit Gastgarten für die Besucher eröffnet. https://www.stuttgarter-nachrichten. de/inhalt.besucherzentrum-an-der-grabkapelle-das-be-sucherzentrum-eroeffnet-erst-2017.7ad7ad4c-61d3-4beb-8926-680da693424b.html (Stand 28.12.2020) https:// www.stuttgarter-zeitung.de/inhalt.restauranttest-in-stutt-gart-rotenberg-das-bistro-an-der-grabkapelle-ist-ein-himm-lischer-ort.d5546435-db1b-4a81-b226-b7e671a1ff87.html (Stand 28.12.2020)
       https://www.stuttgarter-nachrichten.de/inhalt.mausoleum-in-stuttgart-rotenberg-besucherrekord-in-der-grabkapelle-erwartet.3f9835ab-872a-4be9-8c8e-169f6236d8e2.html (28.12.2020)
262    Zitat aus der Trauerpredigt des Ober-Hofpredigers d'Autel vom 14. Januar 1819 für Königin Catharina in der Stifts-

# ANHANG

## »INSTRUKTION FÜR DEN WOHLTHÄTIGKEITS-VEREIN UND DIE LEITUNG DER WOHLTHÄTIGKEITS-ANSTALTEN« 1817

### § 1.

Der von Ihro Majestät der Königin gestiftete Wohlthätigkeits-Verein ist eine über das ganze Königreich mit Einwilligung der Regierung und unter ihrem Schutze sich verbreitende Gesellschaft, welche aus freiwilliger Liebe zu Gott und Menschen die Kräfte der Einzelnen vereinigt, um dem menschlichen Elende überhaupt zu allen Zeiten, insbesondere aber in gegenwärtiger Noth zu steuren.

### § 2.

Da die Gesellschaft einen rein sittlichen Zweck, nämlich die Erfüllung der Wohlthätigkeits-Pflicht hat, so sind in dieser Beziehung die Mitglieder derselben für gleich zu achten. Eben daher muß auch der Eintritt in dieselbe ohne Zwang und auf das Freiwilligste geschehen. Jedoch hofft der Verein vorzüglich auf den Beistand der Herrn Geistlichen jeder Confession, in der Beziehung, daß die in Kanzel-Vorträgen und bei dem Religions-Unterrichte die Pflicht der Wohlthätigkeit den ihrer geistlichen Pflege Befohlenen mit dem Ernst der Liebe zu Gemuethe führen werden.

### § 3.

Alle Personen beiderlei Geschlechts sind fähig, Mitglieder des Vereins zu werden, wenn sie nur sich anheischig machen, durch Sachen, oder persönliche Dienstleistungen zum Gesellschafts-Zweck beizutragen. Bei dem weiblichen Geschlecht wird vorzüglich auf Dienste gesehen, zu deren Verrichtung sie eigenthümliches Geschick haben.

### § 4.

Alle Mitglieder des Vereins werden in ein dazu bestimmtes Buch eingeschrieben, dergleichen in jedem Oberamt eines gehalten wird, und das nebst dem Namen, Stand, Religion des Mitglieds die Art, das Quantum und die Summe seines Beitrags bezeichnet. Will der Hülfeleistende, daß die Summe oder das Quantum seines Beitrags verschwiegen bleibe, so wird es auf sein ausdrückliches Verlangen geschehen.

### § 5.

Jedes Mitglied kann in dem Verein bleiben, so lange es will, mit seinem Austritt hört auch sein Beitrag auf.

### § 6.

Der Wohlthätigkeits-Verein kann bei beschränkten Mitteln derzeit nur die Erhaltung und Unterstützung der Armen zum Zweck haben.
Den Armen werden aber zu gegenwärtiger Zeit auch diejenigen beigezählt, denen es zwar nicht an Vermögen, aber doch an Speisungs-Mitteln fehlt, daher auch solchen Speisung, jedoch nur gegen Bezahlung gereicht wird.

### § 7.

Die verschämten Armen (pauvres honteux), die aus den öffentlichen Fonds nichts erhalten, sind ein besonderer Gegenstand seiner Fürsorge.

### § 8.

Was die Zwecke und Mittel zur Erhaltung und Unterstützung der Armen betrifft: so dehnen sich

erstere auf die Krankenhülfe, auf Speisung, Kleidung, Beholzung, Wohnbarmachung der Armen, Sorge für die Unterrichts bedürftige Jugend aus; die Mittel zur Armenunterstützung bestehen in Geld, Viktualien, Materialien, wie Hanf, Flachs, Wolle etc. neue oder abgelegte Kleidungsstücke, Bettzeug, Brennmaterialien, persönliche Dienstleistungen, besonders des weiblichen Geschlechts, Arbeits- und Industrie-Anstalten. Jeden Beitrag, sey er von welcher Art er wolle, nimmt der Verein dankbar auf.

### § 9.

Auch von solchen Personen inn- und außerhalb des Landes, die nicht Mitglieder des Vereins sind, werden Beiträge dankbar angenommen.

### § 10.

Die gute Absicht des Vereins würde nicht erreicht werden können, wenn nicht nach einem einförmigen Plan gehandelt würde, zu dessen Vollziehung die Gesellschaft einer Leitung und gewisser Behörden bedarf.

### § 11.

Diese Leitung beziehet sich der Natur der Sache nach entweder auf das ganze Land, oder auf jedes einzelne Oberamt oder auf jeden einzelnen zu einem Oberamt gehörigen Ort: das erstere bestimmt den Begriff der Central-, das zweite der Oberamts-, das dritte der Local-Zeitungen.

### § 12.

Alle Mitglieder der Central-Oberamts- und Local-Leitenden-Behörden müssen auch Mitglieder des Wohlthätigkeits-Vereins seyn.

### § 13.

Die Mitglieder der Leitungen werden nicht aus dem männlichen Geschlecht allein, sondern auch aus dem weiblichen deswegen gewählt, weil theils die Beurtheilung einiger Hülfe-Gegenstände, theils die Leistung gewisser Dienste selbst am zuverlässigsten und wirksamsten von diesem erwartet wird.

### CAPITEL I.

Von dem Zweck und den Verrichtungen der Central-Leitung.

### § 14.

Die Central-Armen-Leitung ist in der Hauptstadt Stuttgart errichtet, und besteht aus einer verhältnismäßigen Anzahl von Armen-Freunden beiderlei Geschlechts aus verschiedenen Staats-Bürger-Classen.

### § 15.

Der Zwecke, den die Central-Leitung sich vorsetzt, beziehet sich auf das ganze Land und zerfällt

1) in Anlegung und Errichtung von Gesamt-Anstalten, an welchen das ganze Land Theil zu nehmen hat; wie z. B. Anlegung allgemeiner Arbeits-Häuser;
2) Unterstützung der in einzelnen Oberämtern getroffenen oder zu treffenden Einrichtungen;
3) Berathung und Ermunterung der Oberamts-Leitungen.

### § 16.

Die Einrichtung von Gesamt-Anstalten wir so lange ausgesetzt, bis mit den Aenderung der gegenwärtigen Zeitumstände die Sorge für die dringendsten Bedürfnisse aufgehört hat.

### § 17.

Die Unterstützung einzelner Oberämter setzt immer voraus, daß das die Unterstützung verlangende Oberamt nicht im Stande sey, sich selbst zu helfen, was in den von dort eingelangenden Berichten erwiesen seyn muß. Die Anschaffung von Früchten und Lebensmitteln aller Art zu Speisung der Armen kann nicht von der Central-Leitung, sondern nur von dem Staat erwartet werden. In dem einzigen Fall würde sich jene damit beschäftigen, wenn sich Contribuenten vorfinden sollten, die ausdrücklich zu diesem Zweck der Central-Casse ihre Beiträge zu vertheilen übergeben, sie gibt sich in der Regel bloß ab mit Anschaffung von Materialien zum Verarbeiten, wie Flachs, Hanf, Wolle etc. oder auch von Geräthschaften, Handwerkszeugen, und anderer zur Beförderung der Arbeit dienenden Mittel.

### § 18.

Solcherlei Unterstützungen sind in der Regel jedoch nicht als bloße Geschenke anzusehen, sondern sind nach Abzug des beim Wiederverkauf der Artikel sich ergebenden Verlustes, sobald zu erstatten, als entweder das Arbeiten aufhört, oder dieses mit eigenen Kräften des Oberamts fortgesetzt werden kann.

### § 19.

Die Berathung und Ermunterung der einzelnen Oberamts-Behörden geschiehet entweder auf ihre Anfragen, oder aus eigener Bewegung der Central-Behörde, theils durch allgemeine Belehrungen, theils durch einzelne besondere Anweisungen. Diese Belehrungen dehnen sich über alle Gegenstände aus, welche al Zwecke und Mittel für den Gesellschafts-Verein angegeben wurden.

### § 20.

In Ansehung der Bedürfnisse, zu deren Befriedigung die eignen Kräfte des Wohlthätigkeits-Vereins nicht zureichen, setzt die Central-Stelle sich mit der Regierungsbehörde in Communication

und zwar in Sachen, die Landes-Polizei, z. B. den Bettel betreffend, mit der Section der Innern Administration, wegen der Stiftungs- und Armen-Fonds, ihre Verwaltung und Verwendung betreffend, mit der Section der Stiftungen.

### § 21.

Um diese Zwecke erreichen zu können, ist die Central-Stelle mit den Oberamts-Leitungen in beständiger Communication.

### § 22.

Die Central-Leitung bedarf einer Casse und Cassen-Verwaltung für allgemeine Zwecke. Sie ist jedoch nicht gesonnen durch Collekten den Oberamts- und Local-Leitungen vorzugreifen, und ihre besondern Zwecke zu stören. Sie nimmt daher nur Beiträge an

a) zur Vertheilung unter einzelne Oberämter und Orte, oder zur Verwendung zur bestimmten Zwecken;

b) und fordert allein auf zu Beiträgen, für Anstalten, deren Besorgung sie sich selbst unterzieht, es mag nun dieses eine Gesamt-Anstalt, wie allgemeine Arbeits-Witwen-Kranken-Häuser etc. oder die Unterstützung einzelner Oberämter in ihren wohlthätigen Bemühungen betreffen.

### § 23.

So oft die Central-Leitung einen Aufruf an das Publikum erlässt, um es zu Beiträgen zu veranlassen, wird jedesmal der Zweck, zu dem sie verwendet werden sollen, genau angegeben werden.

### § 24.

Auch macht sich die Central-Stelle anheischig, dem Publikum alle sechs Monate gedruckte Rechnung über ihre sämmtlichen Einnahmen und Ausgaben in Geld, Naturalien und Material-ieb abzulegen.

## CAPITEL II.

Von der Organisation der Central-Leitung.

### § 25.

Die Central-Leitung verrichtet ihre Geschäfte unter der Direction und dem Vorsitz Ihro Majestät der Königin.

### § 26.

Die Königin ernennt alle berathende Mitglieder beiderlei Geschlechts.

### § 27.

Die Mitglieder leisten ihre Dienste unentgeltlich.

### § 28.

Die Zahl der Mitglieder kann nicht fixirt werden: sondern richtet sich nach der Menge der vorkommenden Geschäfte.

### § 29.

Wenn der Königin Majestät bei den Sitzungen anwesend ist, führt sie die Direction. Für den Fall ihrer Abwesenheit ernennt sie eines der männlichen Mitglieder, um die Leitung der Sitzung zu übernehmen.

### § 30.

Die Behandlung des Geschäftes ist ebendieselbe, wie in allen Collegien, wo für jede Sache ein oder mehrere Referenten bestellt werden, sodann der Beschluß nach der Mehrheit der Stimmen gefaßt wird.

### § 31.

Alle Gegenstände, welche sich zu einer gemeinschaftlichen Berathschlagung eignen, werden unter gewisse Haupt-Classen gebracht.

### § 32.

Ueber die Berathschlagungen jeder Sitzung wird Protokoll geführt.

### § 33.

Sobald das Geschäft einmal im Gang ist, wird ein Tag jeder Woche zu den Sitzungen bestimmt.

### § 34.

Der Secretär trägt alle Eingaben in ein Diarium ein, und stellt dieselben den festgesetzten Referenten zu.

## CAPITEL III.

Von dem Zweck und den Verrichtungen der Oberamts-Leitungen.

### § 35.

Die Oberamts-Leitungen werden in jedem Oberamtssitze errichtet. Sie sind für den Oberamts-Distrikt das, was die Central-Leitung für das ganze Land ist.

### § 36.

Der Beruf der Oberamts-Leitung ist, über die verschiedenen Mitglieder des Vereins zu wachen, daß sie die – gegen den Verein übernommenen Verbindlichkeiten erfüllen, die Listen der Armen und der für sie verwendeten Hülfsmittel führen und der Central-Leitung am Ende eines jeden Monats Bericht über den Zustand der Armen abstatten.

### § 37.

Den Oberamts-Leitungen liegt es vorzüglich ob, auf die Sittlichkeit der Armen zu ihrem Vortheil einzuwirken. Es sind daher nicht nur die den Armen zu reichende Unterstützungen, indem sie mit dem höheren, oder mindern Grade ihres sittlichen Betragens in ein richtiges Verhältniß

gesetzt und die Empfänger hierüber belehrt werden, zu diesem Zweck zu benutzen; sondern es ist auch, so weit en nur immer möglich ist, der Lebens-Unterhalt der Armen von ihrer Beschäftigung abhängig zu machen, es ist der Geist der Arbeitsamkeit in ihnen anzufachen, zu beleben und zu erhalten, und dadruch der Kein der Laster zu ersticken. Zu eben diesem Zweck werden die Beamten von ihren höheren Behörden angewiesen werden, dem Bettel zu steuern.

### § 38.

Die Verrichtungen der Oberamts-Leitungen bestehen in

1) Einsammlung der nöthigen Notizen.
2) Erhaltung der Communikation zwischen der Central-Stelle und den Lokal-Leitungen.
3) Leitung und Berathung der Lokal-Vereine.
4) Unterstützung derselben durch die – zur Erreichung des Zwecks nöthigen Mittel.

### § 39.

Die Oberamts-Leitungen haben sich die möglichst genauen Kenntnisse sowohl das Armenwesen des Oberamts im Ganzen, als jeden einzelnen Orts zu erwerben, und daher bei ihren Mitgliedern die Einleitung zu treffen, daß jedem derselben ein oder einige Orte zur besonderen Behandlung der einkommenden Angelegenheiten angewiesen werde.

### § 40.

Diese erlangten Kenntnisse tragen sie der Central-Stelle vor. Durch die Oberamts-Leitung wird dasjenige an die einzelnen Orte gebracht, was die Central-Stelle in Beziehung auf sie anzurathen für nöthig findet.

### § 41.

Die Leitung und Berathung der einzelnen Orte geschieht entweder auf eine – für das ganze Oberamt gleichförmige Weise, oder sie ertheilt dem einzelnen Ort besondere Vorschriften. Zur gleichförmigen Behandlung sind vorzüglich die Arbeits- und Industrie-Anstalten geeignet; es ist daher darauf zu sehen, daß die Beschäftigungsart der Armen eines Oberamts so viel möglich nach Einem Plane eingerichtet werde, jedoch mit der genauesten Rücksicht der – im Oberamt am meisten getriebenen Industrie; besonders hat die Oberamts-Stelle sich für den Verkauf der Fleiß-Produkte zu verwenden, sofern dieser Zweck nicht durch die Lokal-Leitungen erreicht werden kann.

### § 42.

Endlich die Unterstützung geschieht durch Anschaffung der – zum Zweck nöthigen Mittel. Mit Geld unterstützt die Oberamts-Leitung der Regelung nach den einzelnen Ort nicht.

### § 43.

Auch die Oberamts-Leitungen bedürfen einer Casse und Cassen-Verwaltung. Um jedoch die Collekten der Lokal-Vereine nicht zu stören, nehmen sie nur Beiträge an:

a) von der Central-Casse, in sofern diese entweder die Vertheilung einer Summe unter die einzelnen Oberamts-Orte, oder die Verwendung derselben zu einem bestimmten Zweck, wie auch für einzelne Orte, oder Personen denselben aufträgt.

b) von Privaten, welche der Oberamts-Leitung gleichen Auftrag, wie unter a) geben wollen;

c) sie selbst fordern allein zu Beiträgen auf für Anstalten, welche von der Oberamts-Leitung besorgt werden, z. B. für die in einzelnen Orten einzurichtende Beschäftigung.

### § 44.

So wie die Central- wie die Oberamts-Leitung einen Cassirer und Oekonomie-Verwalter aufstellen, welche die eingesandten Gelder und Naturalien einzunehmen und auszugeben, auch Rechnung abzulegen haben. Oeffentliche Rechnung hat jedoch nicht jedes Oberamt dem Publikum abzulegen, sondern durch die Centralstelle, welche solche mit ihrer Rechnung durch den Druck bekannt machen wird.

### CAPITEL IV.
Von der Organisation der Oberamts-Leitungen.

### § 45.

Die Mitglieder der Oberamts-Leitungen sind aus beiden Geschlechtern zu wählen. Sie theilen sich ein in solche, die von Amtswegen und die aus freiem Willen anwohnen. Von Amtswegen erscheinen dabei a) der Oberamtmann, b) der Dekan, oder wenn kein Dekan da wäre, der erste Orts-Geistliche, ohne daß jedoch die übrigen Befugnisse des Dekans in Ansehung der Mitaufsicht über die Stiftungen seiner Diöces dadurch beeinträchtigt werden. Sind in einer Stadt Geistliche von beiden Confessionen, so wohnt von beiden der erste Geistliche bei, c) der Oberamts-Arzt, d) der oder die im Ort anwesenden Verwalter der Stiftungen, e) der Central-Amtsschreiber, f) der Amtspfleger.

### § 46.

Die übrigen Mitglieder beiderlei Geschlechts werden aus dem Lokal-Verein gewählt und zwar zum erstenmal von den – von Amtswegen anwohnenden Personen nach der Stimmen-Mehrheit. In der Folge aber ersetzt sich in entstande-

nen Erledigungs-Fällen die – die Oberamts-Leitung bildende Gesellschaft selbst.

### § 47.

Die Zahl der Mitglieder kann zum voraus nicht bestimmt werden, sondern richtet sich nach der Menge der vorkommenden Geschäfte.

### § 48.

Die Direktion bei den Verhandlungen der Oberamts-Leitungen führen, in so fern nicht in einzelnen Orten Personen höheren Standes dazu berufen werden, der Oberamtmann und Dekan, oder in dessen Ermangelung der erste Orts-Geistliche gemeinschaftlich: Beide unterzeichnen auch die Erlasse an die Lokal-Zeitungen.

Ist jedoch der Oberamtmann anwesend, so sammelt er die Stimmen, und der Dekan, oder erste Geistliche hat die erste Stimme.

### § 49.

Die Direktion wird Sorge tragen, daß alle Gegenstände, welche sich zu einer gemeinschaftlichen Berathschlagung eignen, unter gewisse Haupt-Classen gebracht, ihr Vortrag und Besorgung unter die Mitglieder nach der vorzüglichen Fähigkeit eine jeden zu diesem oder jenem Geschäft vertheilt, ordentliche Beschlüsse gefaßt, und zu Protokoll verzeichnet, endlich die Sitzungen regelmäßig an gewissen Tagen gehalten werden mögen.

### CAPITEL V.

Von dem Zweck und den Verrichtungen der Lokal-Leitungen.

### § 50.

Die Lokal-Leitungen versammeln sich jedesmal da, wo der Sitz des Kirchen-Convents ist. Sind in einem Staab mehrere Orte mit Kirchen-Conventen, so wird in jedem derselben eine Leitung angeordnet.

### § 51.

Die Verrichtungen der Lokal-Leitung lassen sich in solche eintheilen, welche sie mit dem gesammten Verein gemein hat, und in solche, welche ihr eigen sind.

### § 52.

Zu der ersten Classe gehören:
1) Erkundigung nach dem Zustande der Armen;
2) die – ihnen zu leistende Hülfe und Unterstützung;
3) die Aufsicht über die Armen.

### § 53.

1. Die genauere Erforschung des Zustandes der Armen, ihrer Bedürfnisse und der – für jeden tauglichsten Hülfsmittel ist einer der wichtigsten Zwecke gegenwärtiger Anstalt. Die Sorge für Einholung der nöthigen Nachrichten ist unter allen Mitgliedern des Vereins zu vertheilen; und um die Materialien der Erkundigung näher kennen zu lernen, dürfte der anliegende Fragen-Plan zum Muster dienen.

### § 54.

Ohne den eigenen Einsichten jeder Lokal-Leitung vorzugreifen, wird vorgeschlagen, jeden Ort, der über 2000 Enwohner zählt, in gewisse Distrikte, in jedem, der mehr als 4000 hat, jeden Distrikt wieder in kleinere Bezirke einzutheilen, um durch solche Eintheilung sowohl die Erkundigung nach den Armen, als die Aufsicht über sie zu erleichtern. Jedes Mitglied des Armen-Vereins nimmt daher ein oder mehrere arme Familien in seine besondere Besorgung. Diese Besorgung besteht darin, daß das Mitglied die Familie besucht, ihre Bedürfnisse nach ihrem ganzen Umfang und allen einzelnen Theilen untersucht, sodann die Abhilfe entweder selbst veranstaltet oder der Lokal-Leitung hievon die Anzeige macht. Ist also z. B. ein Kranker im Hause, so zeigt das Mitglied die Krankheit dem Armenarzt selbst an, wenn er im Ort ist oder es veranlaßt die Lokal-Leitung ihn auf den Platz zu bringen.

Braucht ein Kind Schulgeld, das die Eltern nicht zahlen können, so geschieht die Anzeige der Lokal-Leitung nach vorheriger Untersuchung der Fähigkeiten des Kindes. Ist eine Familie in Noth aus Mangel an Arbeit, so verschafft das Mitglied solche entweder durch seine eigene Einwirkung oder mit dem Beistand der Leitung, welcher auch im ersten Falle darüber deine Anzeige gemacht werden muß.

### § 55.

Ueber die vorhandenen Blinden, Taubstummen und Wahnsinnigen müssen die Lokal-Leitungen besondere Anzeigen an die Oberamts-Leitungen machen und dies darüber an die Central-Leitung berichten, damit jene Unglücklichen in die – zu ihrer Aufnahme bestimmten Häuser untergebracht werden.

### § 56.

2. Die Hülfe, welche den Armen widerfährt, besteht theils aus Leistungen der Vereins-Mitglieder, theils in Anstalten zu ihrer Beschäftigung. Die Leistungen sind entweder Sachen, oder persönliche Dienste.

### § 57.

Die Mitglieder des Vereins werden zwar den beabsichtigten Zweck durch Geld-Beiträge zu unterstützen suchen. Am nützlichsten und wirksamsten wirkt jedoch die Bemühung der Mit-

glieder der Leitungen in kleinen Städten, zumal, wenn sie wenig bürgerliche Gewerbe haben, in Dörfern und Weilern dahin gerichtet seyn, Victualien, Naturalien, Materialien aller Art, abgelegte Kleider u. dergl. einzusammeln und die alsdann nach der – von dem Armen-Zustand erlangten Kenntniß zu verwenden. In manchen Orten wird es dann eingerichtet werden können, daß sich mehrere Familien vereinigen, um bedürftige Individuen abwechslungsweise zu speisen.

## § 58.

Persönliche Dienste, als Beiträge zur Armen-Versorgung, lassen sich vorzüglich von dem weiblichen Geschlecht erwarten. Sie werden geleistet a) durch Einsammeln, besonders von Haus zu Haus, b) Krankenpflege, c) Zubereitung von Speisen, besonders der – nach Rumfordischer Anweisung gekochten Suppen, d) Handarbeiten, welche die Mitglieder weiblichen Geschlechts zum Besten der Armen verfertigen, wozu in jeder Woche eine oder mehrere Stunden ausgesetzt werden, e) Aufsicht über die Arbeit der Armen, wovon sogleich das Weitere vorkommt.

## § 59.

Die Anstalten zur Beschäftigung der Armen müssen von den Lokal-Leitungen als der wichtigste Gegenstand ihrer Sorge deswegen betrachtet werden, weil es hiebei nach § 16. nicht blos auf die Abhülfe einer augenblicklichen Noth, sondern auf eine bleibende – den Bettel hindernde, die Sittlichkeit befördernde Anstalt ankommt. Die Beschäftigung der Armen beschränkt sich entweder auf den einzelnen Ort, oder wird auf gleichförmige Art im ganzen Oberamt besorgt, worüber schon das Ausschreiben an die Landvogteien, Ober- und Dekanat-Aemter vom 6ten Jenner dieses Jahres weitere Anweisung gibt. Besonders aber werden die Gemeinde-Vorsteher jeden Orts ihre Aufmerksamkeit dahin richten, daß sie die Armen nicht allein durch Gegenstände des Kunst-Fleißes, sondern auch durch Taglohns-Arbeiten beschäftigen.

## § 60.

3. Ist die Aufsicht über die Armen von großer Erheblichkeit. Sie beschäftigt sich theils mit dem gesamten Hauswesen der Armen, besonders mit der Sorge, daß die – ihnen gereichte Gaben nicht übel angewendet werden, theils mit der – von den Armen zu fertigenden Arbeit, damit sie fleißig und vorschriftmäßig verrichtet, auch die Produkte richtig abgeliefert werden. Diese Aufsicht wird auf die nämliche Weise, und von den nämlichen Personen, wie die Erforschung des Armen-Zustandes bewerkstelligt (s. oben §. 53.). Wo Industrie-Schulen für arme Kinder angelegt sind, da wird die Thätigkeit der Mitglieder der Leitung und des Vereins besonders in Ansprache genommen.

## § 61.

Die Geschäfte, welche den Lokal-Leitungen im Gegensatz gegen die Vereine eigen sind, bestehen in folgenden:

1) Berathung der Kirchen-Convente. Wenn hier die Distribution der Beiträge geschiehet, so ist dabei ein gedoppelter Maßstab, nicht Dürftigkeit allein, sondern auch die Würdigkeit (s. oben § 37.) zu Grunde zu legen.

2) Oberaufsicht über die ganze Orts-Anstalt und die dabei angestellten Vereins-Mitglieder.

3) Communikation mit den Oberamts-Leitungen und Vollziehung der von dorther erhaltenen Anweisungen.

## § 62.

Eine besondere Geld-Casse bedürfen die Lokal-Leitungen nicht, in sofern alle, auch die blos freiwilligen Beiträge in die Kasse des Heiligen- oder Allmosen-Pflegers fließen und von dort aus nach der Anweisung des – mit der Lokal-Leitung vereinten Kirchen-Convents verwendet werden. Jedes Mitglied, besonders der Orts-Geistliche wird sich bereit finden lassen, die Beiträge aus erster Hand anzunehmen. Hingegen für Naturalien und Materialien ist eine besondere Verwaltung und Verrechnung nöthig. Eine summarische Uebersicht über Geld- und Naturalien-Einnahmen und Ausgaben wird jedes halbe Jahr von jeder Lokal- an die Oberamts-Leitung geschickt werden, um in ihren Berichten an die Centralbehörde davon Gebrauch machen zu können.

## CAPITEL VI.

Von der Organisation der Lokal-Leitungen.

## § 63.

Die Mitglieder der Lokal-Leitungen sind aus beiden Geschlechtern von allen Ständen zu wählen. Sie bilden jedoch mit den Kirchen-Conventen so wie überhaupt mit denjenigen obrigkeitlichen Behörden, denen nach der – vor dem Jahr 1811 statt gehabten Einrichtung die Vertheilung der Armengelder zustand, nur ein Ganzes.

## § 64.

Die Kirchen-Convente sind jedoch nicht auf gleiche Weise mit den Lokal-Leitungen vereint, denn außer Armensachen geschehen alle kirchenconventliche Verrichtungen, ohne Zuthun der Lokal-Leitung und werden durch das gewöhnliche kirchenconventliche Personal besorgt.

## § 65.

Nur in Armensachen bilden die männlichen Mitglieder der Lokal-Leitung einen Zuschuß zum Kirchen-Convent, oder Armen-Deputation.

## § 66.

Die Mitglieder dieser Armen-Lokal-Convente theilen sich daher auch in solche, die von Amtswegen und die aus freiem Willen anwohnen. Jene sind alle Mitglieder der Kirchen-Convente. Sollten etwa hie und da in einer Stadt Geistliche vorhanden seyn, die nicht zum Kirchen-Convent gehören, so ist nicht zu zweifeln, daß diese auch zur Lokal-Leitung werden gewählt werden; doch haben die Wähler hiezu keine Verbindlichkeit.

## § 67.

In Ansehung der Zahl und der Wahl der Kirchen-Convents-Glieder bleibt alles in bisherigem Zustande.

## § 68.

Die Zahl der Mitglieder der Lokal-Leitung kann hier nicht bestimmt werden, sondern sie richtet sich nach der Zahl der Innwohner und der Menge der Geschäfte.

## § 69.

Sollte (was jedoch nicht gefürchtet wird) die Zahl der Mitglieder des Lokal-Vereins ganz geringe seyn, so würden, ohne weitere Wahl, alle männliche dem Kirchen-Convent anwohnen.

## § 70.

Bei einer größeren Zahl hingegen wird der Ausschuß des Vereins, welcher die Lokal-Leitung bildet, durch die Stimmen aller Mitglieder des Vereins gewählt.

## § 71.

Zu diesem Ende wird von Kirchen-Convents wegen ein Durchgang mit allen Mitgliedern des Lokal-Vereins gehalten und der oder diejenigen werden für gewählt angesehen, welche die Mehrheit der Stimmen erkiest hat.

## § 72.

Von dem Kirchen-Convent ist voraus genau zu bestimmen, wie viele Männer und wie viele Frauen anzuwohnen haben; besteht ein Staab aus mehreren Orten, oder gehören zu einem Pfarrdorf Filialen, so muß die Zahl für jeden Ort im Verhältniß mit der ganzen Seelenzahl bestimmt werden. Alsdann wird die Leitung der Wahl in dem Staabsort, oder Filial dem Orts-Vorsteher überlassen; die von auswärtigen Orten Gewählten haben aber jederzeit den Sitzungen in dem Hauptort anzuwohnen.

## § 73.

In dem Oberamtssitz kann die Oberamts- und die Lokal-Leitung, wie aus Obigem erhellt, nicht für eine und ebendieselbe Gesellschaft angesehen werden. Uebrigens wird es zweckmäßig seyn, wenn die Mitglieder des Lokal-Vereins bei ihrer Wahl zur Lokal-Leitung auf die Mitglieder der Oberamts-Leitung Rücksicht nehmen.

## § 74.

In so fern zur Zeit der Bekanntwerdung gegenwärtiger Instruktion die Oberamts- und Lokal-Leitungen schon ihre Bildung erhalten hätten, so soll diese nicht gestört, sondern erst in künftigen Fällen die Anwendung davon gemacht werden.

# QUELLEN- UND LITERATURVERZEICHNIS

## QUELLEN

**Landesarchiv Baden-Württemberg**
**Hauptstaatsarchiv Stuttgart (HStA)**
A 21 Bü 791
A 573 Bü 6874
E 14 Bü 34, 36, 38, 285, 1208, 1210, 1212, 1215, 1218, 1223, 1227, 1228, 1553, 1557
E 29 Bü 26
E 31 Bü 40, 74, 1105, 1151, 1152, 1159, 1177
E 33 Bü 859
E 40/78 Bü 5
E 72 Bü 2
E 143 Bü 25, 118, 124, 125
E 146 Bü 8168, 9187
E 271b Bü 217
G 268 Bü 16, 27
G 270 Bü 8
Q 322 Bü 6

**Landesarchiv Baden-Württemberg**
**Staatsarchiv Ludwigsburg (StAL)**
E 171 Bü 197, 207, 211
E 191 Bü 1, 22, 4454, 4460, 4465, 4467, 4469, 4471, 6042, 7466, 7471, 7474, 7475, 7477, 7480, 7481, 7482
E 193 Bü 1,2,3, 53, 55, 65, 66, 854
E 228 II Bü 1313
F 441 Bü 2, 3, 4, 5, 6, 7, 28, 48, 51, 71, 264, 289

**Niedersächsisches Landesarchiv (NLA)**
**Oldenburg**
10.3 Nr. 14a
30–11–11 Nr. 4

## LITERATUR

Ausst.-Kat. Catharina Pawlowna. Königin von Württemberg 1816–1819. Einflüsse – Leben – Wirkung, hg. vom Archiv der Universität Hohenheim, Stuttgart 1993

Ausst.-Kat. Maria Pawlowna – Zarentochter am Weimarer Hof, hg. von Stiftung Weimarer Klassik und Kunstsammlung, Berlin 2004

A.H. d'Autel: Rede bei der Beisetzung des Leichnams Ihrer Majestät der Königin von Württemberg Catharina Paulowna, Großfürstin von Rußland den 14. Januar 1819 in der Königlichen Stiftskirche zu Stuttgart gehalten von A.H. d'Autel Königlich württembergischen Ober-Hof-Prediger und Prälat, Stuttgart 1819

Max Bach/Carl Lotter: Bilder aus Alt-Stuttgart, Stuttgart 1896

Frederick Bacher: Neupositionierung nach dem Ende der Monarchie. Die Zentralleitung und das Wohlfahrtswesen in Württemberg, in: Holtz (Hg.),2016, S. 120–143

Franz Baur: 200 Jahre Königin Katharina Stift, Stuttgart 2018

Wolfgang Behringer: Die Tamborakrise. Zum Einfluss der Geologie auf die (menschliche) Geschichte, in: 1816 – Das Jahr ohne Sommer. Krisenwahrnehmung und Krisenbewältigung im deutschen Südwesten, Stuttgart 2019 (Veröffentlichungen der Kommission für geschichtliche Landeskunde in Baden-Württemberg, Reihe B Forschungen, Band 223), S. 5–49

Manfred Biehal: Der Württembergische Sparkassenverbund 1916–1982, Berlin 1984

Correspondenzblatt des Königlich Württembergischen Landwirthschaftlichen Vereins, Bd. 1, Stuttgart 1836

Beate Dettinger: Das Gesundheitsmanagement der Zentralleitung des Wohltätigkeitsvereins (1817–1914), in: Holtz (Hg.), 2016, S. 70–97

Ulrich Fellmeth: 200 Jahre Universität Hohenheim. Aspekte aus der Geschichte, Universität Hohenheim 2018

Eberhard Fritz: Die Verbesserung des Weinbaus in Württemberg unter König Wilhelm I. (1816–1864), Stuttgart 1994

Eberhard Fritz: König Wilhelm und Königin Katharina von Württemberg. Studien zur höfischen Repräsentation im Spiegel der Hofdiarien, in: Zeitschrift für Württembergischen Landesgeschichte, Bd. 54, Stuttgart 1995, S. 157–177

Eberhard Fritz: Weinbau im Königreich Württemberg. Entwicklung, Krisen und Wandel, in: Sigrid Hirbodian/Tjark Wegner (Hg.): Wein in Württemberg (Tübinger Vorträge zur Landesgeschichte Bd. 3), Ostfildern 2017

Paul Gehring: Das Wirtschaftsleben in Württemberg unter König Wilhelm I. (1816–1864), in: Zeitschrift für Württembergische Landesgeschichte, Bd. 9, Stuttgart 1950, S. 196–257

Senta Herkle: Für alle Zeiten mit vereinten Kräften dem menschlichen Elend (...) entgegentreten. Die Gründung der Zentralleitung des Wohltätigkeitsvereins in Württemberg 1817, in: Holtz (Hg.), 2016, S. 10–24

Detlef Jena: Katharina Pawlowna, Regensburg 2003

Emil Heintzeler: Das Königin Katharinastift in Stuttgart, Stuttgart 1918.

Heinrich Hermelink: Kirche und Schule unter der Regierung König Wilhelms I. von Württemberg, in: Zeitschrift für Württembergische Landesgeschichte, Bd. 9, Stuttgart 1949/50, S. 175–195

Sabine Holtz (Hg.): Hilfe zur Selbsthilfe – 200 Jahre Wohlfahrtswerk für Baden-Württemberg, Baden-Baden 2016

Otto Hunziker: Niederer, Johannes, in: Allgemeine Deutsche Biographie, Bd. 24 Leipzig, 1887, S. 75–82

Klaus Klattenhoff: Ramsauer, Johannes, in: Hans Friedl u. a. (Hrsg.): Biographisches Handbuch zur Geschichte des Landes Oldenburg. Hrsg. im Auftrag der Oldenburgischen Landschaft, Oldenburg 1992, S. 579–581

Michael Klein: Friedrich Wilhelm Raiffeisen – Christ, Reformer, Visionär, Stuttgart 2018

Johann Georg Knie: Pädagogische Reise durch Deutschland im Sommer 1835 auf der ich elf Blinden-, verschiedene Taubstummen-, Armen-, Straf- und Waisenanstalten als Blinder besucht und in den nachfolgenden Blättern beschrieben habe, Stuttgart 1837, S. 162–172

Stefan Lehr: Prinz Peter von Oldenburg, in: Ausst.-Kat. Die Vier Unvergesslichen – das russische Zarenhaus und der Oldenburger Hof in der Zeit von Lavater und Tischbein, hg. von Anna Heinze/Stefan Lehr, Landesmuseum für Kunst- und Kulturgeschichte Oldenburg, Oldenburg 2020, S. 64–80.

Christian Wilhelm Neuffer: Biographie von M. Wilhelm Christoph Tafinger, Stifter einer Lehr- und Bildungsanstalt für Töchter edler Herkunft, Cannstatt 1825

Dominique Corinne Ott: Alle Personen beiderlei Geschlechts sind fähig, Mitglieder des Vereins zu werden. Geschlechterspezifische Handlungsspielräume im Wohltätigkeitsverein des 19. Jahrhunderts, in: Holtz (Hg.), 2016, S. 25–45

Patricia Peschel: Der Stuttgarter Hofbildhauer Johann Ludwig (1801–1887), Stuttgart 2009 (Veröffentlichungen des Stadtarchivs Stuttgart, Bd. 103)

Patricia Peschel: Schön, gebildet, engagiert und eine Cosmopolitin – Prinzessin Sophie von Württemberg, in: Staatsanzeiger für Baden-Württemberg (Hg.): Schlösser Baden-Württemberg, 03/2019, S. 24–27

Patricia Peschel: Die Grabkapelle auf dem Württemberg. Russisch-Orthodoxe Kapelle und württembergische Grablege, in: Winfried Klein/Konrad Krimm (Hg.): Memoria im Wandel. Fürstliche Grablegen in der frühen Neuzeit und im 19. Jahrhundert, Ostfildern 2016, (Oberrheinische Studien, Bd. 35), S. 101–118

Patricia Peschel: Schön und Talentiert – Amalie von Stubenrauch, in: Staatsanzeiger für Baden-Württemberg (Hg.): Schlösser Baden-Württemberg, 03/2018, S. 26–28

Patricia Peschel: Verlorene Schlösser. Die einstigen Stuttgarter Schlossmuseen und ihr Erbe, in: Staatliche Schlösser und Gärten Baden-Württemberg (Hg.): Öffnen, Bewahren, Präsentieren – durch Zeit und Raum mit unseren Monumenten, Mainz 2017, S. 72–99

Karl Pfaff: Württembergische Wein-Chronik. Ein Bericht über die Quantität und Qualität des Weins und die darauf einwirkenden Witterungsverhältnisse der einzelnen Jahrgänge. Von den ältesten Zeiten bis aufs Jahr 1865, Eßlingen 1865

Thorsten Proettel: Die Sparkasse und das Jahr ohne Sommer. Durchbruch einer Institution aus Anlass der Krise, in: 1816 – Das Jahr ohne Sommer. Krisenwahrnehmung und Krisenbewältigung im deutschen Südwesten, Stuttgart 2019 (Veröffentlichungen der Kommission für geschichtliche Landeskunde in Baden-Württemberg, Reihe B Forschungen, Band 223), S. 65–82

Paul Sauer: Wilhelm I. von Württemberg, in: Ausst.-Kat. Das Königreich Württemberg 1806–1918. Monarchie und Moderne, Landesmuseum Württemberg 2006, Ostfildern 2006, S. 82–84 und S. 56.

Paul Sauer: Reformer auf dem Königsthron. Wilhelm I. von Württemberg, Stuttgart 1997

Harald Schieckel: Aus dem Umkreis der Königin Katharina von Württemberg. Erinnerungen einer Großmutter für ihre Kinder und Enkel, in: Zeitschrift für Württembergische Landesgeschichte, Bd. 51., Stuttgart 1992, S. 257–293

Julius Schnorr: König Wilhelm von Württemberg in seinen ländlichen Beschäftigungen, Stuttgart 1865

Emil Schott: Zoller, Karl August Christoph Friedrich von, in: Allgemeine Deutsche Biographie (ADB). Band 45, Leipzig 1900

Schwäbische Chronik, Stuttgart 1819 (Ausgaben vom 6., 7., 13., 15. und 16. Januar 1819)

Regina Stephan/Patricia Peschel: Grabkapelle auf dem Württemberg, Petersberg 2017

Theresa Reich: Die Industrieschulen der Zentralleitung des Wohltätigkeitsvereins im Königreich Württemberg, in: Holtz (Hg.), 2016, S. 98–119.

Tantzen, Richard: Das Schicksal des Hauses Oldenburg in Rußland, in: Oldenburger Landesverein für Geschichte, Natur- und Heimatkunde (Hg.): Oldenburger Jahrbuch 1957, Oldenburg 1957, S. 114–195

Friedrich Volborth: Worte bei der Vermählung Ihrer Kaiserlichen Hoheit der Grosfürstin von Russland Catharina Pawlowna mit Seiner Königlichen Hoheit dem Kronprinzen von Württemberg Friedrich Wilhelm Carl gesprochen an 12. Januar 1816 von Dr. Friedrich Volborth, Prediger der evangelisch lutherischen St. Petri Gemeinde, St. Petersburg 1816

Georg Wochner/Friedrich Bohnert: Stuttgart 1846 und 1871. Stadtplan in farbiger Lithographie als Ausklapptafel, Stuttgart 1871

Württembergisches Landessparkasse (Hg.): 1818–1869 – 150 Jahre Württembergische Landessparkasse, Stuttgart 1968

Zeitung für die elegante Welt, Bd. 120, 8.–22. Juni 1819, Berlin 1819